我在深圳当校长

谢学宁 著

中国文联出版社

图书在版编目（CIP）数据

我在深圳当校长 / 谢学宁著. -- 北京 : 中国文联出版社, 2024.5
ISBN 978-7-5190-5518-9

Ⅰ. ①我… Ⅱ. ①谢… Ⅲ. ①中学一校长一学校管理一文集 Ⅳ. ①G637.1-53

中国国家版本馆CIP数据核字(2024)第093243号

作　　者　谢学宁
特约编辑　赵黎玮
责任编辑　刘　雷　牛亚慧
责任校对　秀点校对
装帧设计　龙丹彤

出版发行　中国文联出版社有限公司
社　　址　北京市朝阳区农展馆南里10号　　邮编　100125
电　　话　010-85923025（发行部）　010-85923091（总编室）
经　　销　全国新华书店等
印　　刷　北京顶佳世纪印刷有限公司

开　　本　880毫米×1230毫米　1/32
印　　张　9
字　　数　230千字
版　　次　2024年5月第1版第1次印刷
定　　价　68.00元

代 序

“书生”校长

王 亚

谢学宁是个书生，颇有些书生意气，像民国时的那些人，具体似谁，却一时难以厘清。

谢学宁这个“书生”并非一味埋头苦读的迂腐书蠹，他低头读书，也抬头看世界；他温和自持，遇不平亦会奋袂而起；他能“掉书袋”，“网络梗”也张口就来；他清高，却偏得许多人喜爱；他又是一个理想主义者，做教育也有着理想主义者的“偏执”……何其生动的一个人。当下之际，唯其“生动”二字，最为难得。

不可否认，直至此刻，我仍然认为谢学宁当年舍下湖南省某重点高中的正处级校长一职奔赴深圳之举，多少有着一个书生的意气用事。那个暑假他给我打电话说要离开，我虽一再劝阻，甚至不惜以“这个年纪了还折腾什么”诸如此类的话来“打击”他，但其实心里却颇为羡慕。因为他做了我一直想做，却没有勇气去施行的一件事情。谢学宁多酷啊！这是我心里的话。从此，他成了深圳东部一所名校的校长，而我隔着自己一成不变的生活，艳羡着他的精彩。

不知是远隔所致的幻象，还是确乎出于内心的羡慕，我有时竟会觉得他所在的学校并不在全国的经济引擎深圳，而是一个教育的“桃花源”，可以让他一展才华，去实现自己的教育理想。

我曾造访盐田区外国语学校，在深圳东部最美的大梅沙畔，又独成一景，正是适合读书的清旷之所。学校主教学楼上，一行硕大的字让我似乎明白了谢学宁选择深圳的部分理由——“让阅读成为你生活中最愉快的一部分”。他在一座“烈火烹油”般炽热的城市里，给师生们安置了一张安静的书桌，构建一个良好的成长环境，让孩子有朋友、有人爱、有事可做。

他倡导的阅读也并非一味埋头苦读。他们绘制阅读地图，为孩子辟出阅读的专属时光，重塑物型文化，研发专业的阅读课程，他和老师们一同陪伴孩子们阅读，不断制造阅读分享的关键事件，一起展现阅读成果，让谈书籍的时刻成为师生精神交流最灿烂的时刻。他还每天在校门口值班，和孩子们交流分享，从二十四节气聊到唐诗宋词，玩诗词接龙的游戏。在盐田区外国语学校，还有一种时新的文化游戏，把流行的网络用语用古典诗歌表达出来。例如，“YYDS”就是“此曲只应天上有，人间能得几回闻”，“小丑竟是我自己”就是“我本将心向明月，奈何明月照沟渠”，等等。

在书中，我读到一句话，颇为动容。谢学宁说：“校长要努力成为学校的首席领读者，校长理应是书生，校长的书柜里装着学校的未来，校长的阅度就是学校的高度。”

我想，他做到了。

谢学宁的“高度”自然不仅止于“安放一张书桌”，在他看来，校长一定要有大视野、大胸怀、大使命感，要有国家意识、民族意识。在追求释放个性的时候，不要忘记家国情怀、社会责任的涵育。

他甫来盐田区外国语学校，就致力于打造“开放盐外”，坚持全球视野。学校有一个“学生生涯规划圆桌论坛”，前来授课并研讨的有北上广深和全国知名的教育专家、行业翘楚……他们都成了孩子们的校外导师。

在老师和孩子们看来，谢学宁除却上述“高大上”的标签，更明显的标签是爱。他给师生乃至家长们写下一封封“爱”的信笺；中考前背上吉他，给考生弹唱，为蹲点班所有考生精心准备冰墩墩钥匙扣，并将每位学生的名字镶嵌进祝福的诗句中，亲笔写下，贴在钥匙扣后，为每位考生准备一份专属的礼物；他开设“校长早茶会”，邀请家长“饮早茶”，也给学校出谋划策；“多看老师的长，多念老师的好。多想老师的难，多给老师的利”，是谢学宁经常挂在嘴边的话，老师们也感同身受。……谢学宁的“爱的实践”，也感染了老师和同学们，学校一派温情。

谢学宁认为，最好的校园应该是有故事，可以令人发呆的。校园不独追求功能的实用、外在的美观，更要富有审美品位和文化内涵，可以满足师生对自由、安全、闲适和独处的内心需求，让师生特别是孩子自觉地放慢脚步，从容思想，自由“发呆”。

至此，我突然想起来，谢学宁这一份“呆气”像谁了。他在盐外的样子不就是教育家夏丏尊先生在“春晖中学”的样子吗？朱自清在《教育家的夏丏尊先生》一文中，写道：“夏丏尊先生是一位理想家。……是夏先生约集了一班气味相投的教师，招来了许多外地和本地的学生，创立了这个中学。他给学生一个有诗有画的学术环境，让他们按着个性自由发展。”谢学宁何尝不也如此，是一介书生，也是一位理想家，对教育永远保有畅想与信念。

谢学宁还有一个愿景，要将盐田区外国语学校办成“世界一流水准的深圳名校”。我乐见其成。

2024 年 2 月 26 日于湖南株洲

自　序

2019 年 8 月，年近天命的我，有幸通过全国竞聘，从湖南株洲来到深圳，担任盐田区外国语学校校长。很多朋友都为我的这份事业接近尾声期的“折腾”不解，因为到深圳区属初中当校长和在株洲的省重点高中当校长相比，未必有折腾的必要。但是，我还是带着对特区的向往，踏上了南下的高铁。这是一场人生的再出发，更是一场事业的新征程。

山海环抱的盐外，是中国最美的学校，没有之一！这不仅是作为校长的情有独钟，更是所有盐外师生和盐外来宾的共同心声。我一直觉得，这世界唯美文和美景不可辜负！面对这样一片大美之境、面对这样一个大美盐外，我深感战战兢兢、如履薄冰，我生怕因为自己能力不够影响了盐外的发展，辜负了盐外学子的青春。

到一个全新的文化语境和教育土壤“打拼”，我不仅忐忑，还多少有些茫然。好在多年的教育和管理经验也给了我一定的底气，作为校长我首先要思考的问题无非两个：一是做出校长的榜样，二是把教育做到孩子心上。我学着蔡元培先生当年的样子，念起了谢氏“九字诀”，即俯下身、弯下腰、抬起头。但是，这只是解决了初次见面的陌生感问题，而且没过多久，随着疫情的到来，无情的口罩将我这原本还不算砢碜的笑容一遮就是三年。

在其位，谋其政。校长不只要有和蔼可亲的儒雅，更要有开疆拓土的作为。当然，这里的“开疆拓土”不是指要向上级部门申请地盘划拨，而是如何在更大的视野格局下搞建设、谋发展，拓展盐外师生的格局疆域与成长空间，让他们真真切切地感受到教育的幸福感、获得感和成就感。于是，我以校为家，夙兴夜寐，搜肠刮肚，抓耳挠腮，开启了一系列探索与实践。这些努力陆陆续续沉淀为这本小书的框架与篇什。

深圳是个人才济济之地，深圳教育界更是吸纳了来自全国的精英，其中不乏业务精湛、魅力超凡的校长。所以我现在还是对《我在深圳当校长》这个书名耿耿于怀，担心那些声名远播、影响卓著的校长同行会不以为然，甚至嗤之以鼻。不过，转念一想，我确实就是这样在深圳当校长的啊，我确实和学校师生一道让我们心尖尖上的盐外发生了一些积极的改变啊。

子曰:“古之学者为己，今之学者为人。”我古今都要，这本小书是我对自己的一个交代，但也期待广大读者多多批评指正。

2024 年 1 月 31 日

“校长带你听讲座”第一期（2020）

与参加学生生涯规划论坛的嘉宾合影（2023）

校长思政课《雷锋精神处处传》（2022）

和家长一起为初三学子中考壮行（2023）

校运会上与吉祥物合影（2020）

为蹲点班级表演变脸（2021）

接受学生电视台小记者房嘉鸣同学采访（2022）

为《第一教育》频道题词（2023）

目　　录

第一辑　主体攻心

第二辑　开放办学

第三辑　在深论教

第四辑　奋蹄一线

第五辑　拥抱青春

后　记

文学是人学，

教育学更是人学，

调动每一个参与主体的积极性，

是校长的必修课，

也是必答题。

因为，“人”的问题解决了，

其他问题都将迎刃而解。

在“学习”这个共同事业中，

学生是根本，家长是后盾，老师是引擎，

三者相辅相成缺一不可，

但是现在这哪一方面的神仙，

其实都不好忽悠，

都需要我们有足够的真诚。

第一辑

主体攻心

赋能转折点

——致 2023 年小学毕业生的十封信

之一　拥抱广阔的世界

亲爱的同学们：

你们好！

见字如面。祝贺你们在这个中华民族发展史上具有里程碑意义的年份开启新的人生征程。

中学时代是一段非常值得期待的旅途，它将见证你从少年到青年的生命蜕变与进阶，因为在这段岁月里，你的思维水平和理解能力将不断提高，你会满怀好奇地撩开精神世界的面纱，情不自禁地发现更丰富的自己，探寻那无穷无尽的生活奥秘。

然而，这同样是一个重要的分水岭。当了这么多年的老师，我见过太多从平凡到卓越的奇迹，也承受过太多从卓越到平庸的打击。当然，每一个人都很重要，无论是卓越还是平凡，都应当得到该有的尊重，中学时代也不能决定你将来发展得好与坏，但作为一位老师，我和你的父母一样，打心眼儿里希望你健康、快乐、卓越地走完这段青春岁月，让自己当下的奋斗看得见，让将来的人生不遗憾！

“凡事豫则立，不豫则废。”在这样一个新的起跑线，在这样一个关键的转折点，我们需要给自己的人生来一场超越格局天花板的思考，做一次认认真真的规划，以对自己的未来有个负责任的准备与交代。

心有多宽，人生的天地就有多宽。在小、初衔接的特殊时刻，愚以为，最该准备的，是一颗敞亮的心。所谓“敞亮”，首先要“敞”，要有大格局、大视野，去拥抱广阔的世界，去吸收古往今来一切人类文明发展的成果，去接受别人的优秀和自己的不完美；然后要“亮”，要有大志向、大坚韧，去点燃奋斗的火焰，去绽放青春的芳华，去创造属于自己的辉煌。

亲爱的同学们：少年强则国强，你的样子就是中国的样子。我在美丽的梧桐山下、梅沙湾畔，以心润心，以智启慧，固本培元，静待花开！

2021 年 4 月 16 日

之二　选择卓越的群体

亲爱的同学们：

你们好！

今天，我想与你们谈谈人生的另一个关键词——“选择”。

我们经常会听到这样一句话，“选择比努力重要”。这句话虽然只有七个字，却可能承载着一个人历经七年、十七年甚至七十年的悔恨。我们现在阅历尚浅，自然难以完全理解其中的分量和深意，但这不代表我们对此有无动于衷的理所当然，因为我们的路最终还要我们自己去走。

理解“选择”，我们可以从一些耳熟能详的典故出发。“孟母三迁”中有“选择”，这“选择”背后是一位伟大母亲对孩子深远的爱；“匈奴未灭，何以家为！”是“选择”，这“选择”中有爱国英雄在显贵待遇和家国责任之间的取舍；“先天下之忧而忧，后天下之乐而乐”里有“选择”，这“选择”是先贤君子在人生低谷甚至绝境中的初心不改；“鲁迅弃医从文”中有“选择”，这“选择”中有民族脊梁的觉悟与担当。说到底，“选择”是一种价值观，而这种价值观决定了一个人一生的走向、成就与境界。

说到“选择”，卡尔·马克思在其中学毕业论文《青年在选择职业时的考虑》中有一段名言，至今让我心潮澎湃：“如果我们选择了最能为人类福利而劳动的职业，那么，重担就不能把我们压倒，因为这是为大家而献身；那时我们所感到的就不是可怜的、有限的、自私的乐趣，我们的幸福将属于千百万人，我们的事业将默默地，但是永恒发挥作用地存在下去，面对我们的骨灰，高尚的人们将洒下热泪。”

也许，你们会觉得我说的这些伟大人物都距离我们很遥远，或者你们压根儿就没有想过要成为那样的人物。我当然不能勉强你们一定要成为那样的人物。然而，《论语》中有段名言值得我们永铭：“取乎其上，得乎其中；取乎其中，得乎其下；取乎其下，则无所得矣。”说的是，我们应该让眼界和目标更高一点、更远一些。

现在的我们，肩膀稚嫩、羽翼未丰、能力有限，还没有到建功立业的时候，我们唯一能做的不过是在为数不多有一定自主权的事情上听从内心的召唤，比如：我要在最好的学校完成自己的中学学业，我要以拥抱广阔世界的胸怀吸收人类文明的一切优秀成果，我的业余时间要用在博览群书等有意义的事情上，我的择友标准是相互促进而不是相互虚度，等等。

当然，个人的成长与周遭的环境也息息相关。《荀子》有言：“蓬生麻中，不扶而直；白沙在涅，与之俱黑。”可见环境对一个人的重塑之力。我们未来的模样，决定于我们成长的环境和勤勉；我们成长的环境，则决定于我们曾经的远见和选择。

切记：无论何时，选择卓越的群体，让人生与优秀做伴。卓越的群体未必让你一定卓越到无以复加，但至少让你少一份平庸的悔不当初！

2021 年 4 月 19 日

之三　呼吸美丽的空气

亲爱的同学们：

你们好！

今天，我们来聊聊一个生活中司空见惯的词——空气。空气和水一样，都是生命之源，我们须臾不可相离。细心的你们也许会奇怪，老师为什么要在空气这个明显与味觉相关的词前面，加上一个更接近视觉体验的“美丽”一词呢？

那是因为随着阅历——特别是对世界的理解力的提升，你们会自然而然地萌生从两个层面来诠释“空气”的自觉：一是为我们健康呼吸提供保障的自然空气，二是帮助我们涤荡和塑造灵魂的文化空气。前者护肺，影响生命指数；后者养心，事关人生格调。

每每想起马云那个“清新空气未来最贵”的预言，老师就忍不住沾沾自喜，因为我住在盐外校园里，整日浸润在“天青色等烟雨”的山海美景与清新空气中，细嗅花草和泥土的清香，漫品“清风无禁，明月不竭”的洒脱，默享那份人与天地精神相往来的诗意与和谐，实在很难体会到汽笛喧嚣、人头攒动带来的烦闷，尽管我们为此承受了娱乐不便、美食单一的枯燥。

我们的主业是搞学习、做学问，自然要有坐得了“冷板凳”的思想准备，虽然“心静自然凉”，在哪里都可以“两耳不闻窗外事”，不过，在这个特殊的人生季节，要是能把这条“冷板凳”放在鸟语花香的美丽空气里，何尝不是命运对我们的恩赏与眷顾，以及我们对青春的负责与珍视呢?

作为具有一定远见的优秀少年，我们对优质“空气”追慕，不能止于形而下的生态层面；对于优质文化空气的亲近与渴求，更是卓越者才有的格局。文化空气的范围是广阔的，形态是多样的，影响是深远的。有人说，有人的地方就有江湖，愚以为，有江湖的地方一定有文化。

文化是一个外延比较大的词，但是绝非看不见摸不着的虚空，而是周遭一个个鲜活的人以及他们举手投足间流露出的涵养、修为与风度。他们可能是你家里的长者，也可能是你不期而遇的路人，但当前阶段主要是你们朝夕相处的老师和同学，他们一起构成了你们成长路上所呼吸的“文化空气”，滋养着你们文化生命的远方。

梁静茹有首很有名的流行歌曲叫《会呼吸的痛》，唱出了怀旧的真挚；如果有机会，我想与你们一起写首《为呼吸的美》，来勉励全国与你们同龄的小朋友：走好人生每一步。

祝好！

2021 年 4 月 28 日

之四　书写青春的故事

亲爱的同学们：

如果说，前面三封信，老师主要从视野与胸怀的角度分享了一点关于格局的浅见，今儿个，老师则想从实践的角度谈谈初中三年，怎样过才不算虚度。

人生是一场漫长而曲折的单程旅行，青春应该是其中最多姿多彩的一段，然而，遗憾的是，很多人在若干年后回忆起这段岁月，既没有矢志奋斗的激情澎湃，也没有才华绽放的光芒万丈，更没有思想蜕变的刻骨铭心，在最需要亮色的年纪，连青春都是那样的单调、灰暗和无趣。

你的青春感动不了你自己，无异于你压根就不曾来过；自己不曾参与自己的青春，这可是人生不小的败笔与讽刺。

如何避免这种遗憾？老师以为，一个不错的做法就是以“书写故事”的心态来经营不可重来的青春。这里的“书写”，不是瞎编乱造、抄袭套作，而是独立创造、精益求精，亦即以一种极致的要求来对待每一个青春的必答题和抢答题。比如，我们在学业上就是要追求卓越、勇攀巅峰，在待人接物上就是既要学谦谦君子的儒雅，也要吸收江湖豪侠的洒脱，在发展兴趣特长上就是要有到世界舞台中央去绽芳华、竞风流的野心与气魄……

当然，以这样的方式致青春，势必会遇到很多艰难险阻，你们依然稚嫩的肩膀和并不坚韧的心都将经历生命中不可承受的“轻”和“重”；然而，这个过程中，你将写就一个个专属于你且无与伦比的青春故事，这些故事标记着你成长的脚印，但更重要的是，这些青春小故事一起成为你人生大故事的序章，预示着你 20 年、30 年、40 年、50 年后的模样。

爱因斯坦说：教育就是当一个人把在学校所学全部忘光之后剩下的东西；老师想说：青春就是当一个人不再青春却需要独自面对自己内心的时候，那一个个挥之不去的故事。这故事里有光亮，有温暖，有信心，有力量。

一言以蔽之，青春的故事点燃的是青春，照亮和滋养的却是人的一生。愿且行且珍惜。

2021 年 5 月 6 日夜

之五　徜徉知识的海洋

亲爱的同学们：

上一封信我们谈到了青春。青春是一场一生一次的单程旅途，她记录着当下，也预示着未来。以怎样的方式致青春，才能书写出极致的丰美与壮丽，才能最大程度地避免有朝一日的遗憾甚至悔恨？老师给出的答案是：求知。

人类文明是“知识”构筑起来的，在浩瀚无边的知识海洋里，我们可以读到英雄惊心动魄的故事，可以读到先哲荡气回肠的诗篇，可以领略到科学家探寻真理的艰辛努力，也可以感知到创造者为人类谋福利的雄奇伟岸。说到底，我们要在追求新知的过程中，体验无限风光，锚定奋斗目标，确立人生活法。

何为知识？知识知识，有“知”也有“识”。《礼记 · 大学》有言：“致知在格物，物格而后知至。”讲的是，知识的产生源自对事物原理的探究及其从中获得的智慧，同时也指出了获取知识的源头活水在于学习、实践与思考。现代人对“知识”的基本定义有广义和狭义之分，前者指人类在社会实践中所获得的认识和经验的总和，后者指学术、文化或学问，总的来讲，更倾向于客观性的、工具性的“知”。愚以为，这样的“知”都是通过努力就可以达到的，然而，“知识”的目的不在于“知”，而在于“识”，即你在这些人人皆可获取的相对客观的信息与人类文明成果之中，所能形成的专属于自己的见识与见地。须知光有“知”而无“识”，顶多也只能算个书虫罢了。

见识与见地也不是追求知识的终点。思想家可以标志某个特殊时空的文化高峰，却担不起一个民族绵延不绝的精神脊梁。中国文明之所以能一路乘风破浪，生生不息，根本的秘密就在于，我们有“士大夫”精神的代代相传，而“士大夫”的本质属性就是读书人，这类人在思想上深明家国大义，在治学上坚持真理至上，在做人上远慕君子高标，在处世上心怀天下苍生。

也就是说，徜徉在知识的海洋里，我们要探寻知识的通幽秘境与壮阔波澜，也要主动思考新时代中国青年的知行合一与使命担当。

因为，你们就是中国。

2021 年 5 月 11 日夜

之六　感受思想的乐趣

亲爱的同学们：

当我们达成前面的一系列共识，准备好在这美好的青春季节撸起袖子、甩开膀子，在求知的伟大征途中大干一番的时候，老师希望你不要着急，先停下仓促的脚步，让我们来一场关于“思想”的交流。

老师特别喜欢阅读17世纪法国大思想家布莱士·帕斯卡尔(Blaise Pascal)的《思想录》，书中有一个说法广为流传：“人只不过是一根苇草，是自然界最脆弱的东西；但他是一根能思想的苇草。用不着整个宇宙都拿起武器来才能毁灭；一口气、一滴水就足以致他死命了。然而，纵使宇宙毁灭了他，人却仍然要比致他于死命的东西更高贵得多；因为他知道自己要死亡，以及宇宙对他所具有的优势，而宇宙对此却是一无所知。因而，我们全部的尊严就在于思想。”

是的，思想形成人的伟大，无论是历史上千古流芳的士大夫，还是新时代的优秀青年，都比较早地实现了追求思想高标的觉醒，为思想、为真理、为信仰而矢志不渝、不屈不挠的铮铮铁骨与风流人物更是不胜枚举，从先秦诸子到史家绝唱，从李、杜高峰到红楼奇梦，从启蒙先驱到革命领袖……一切荡气回肠的伟岸坐标与惊涛画卷背后，都是人对思想解放与文明进步的孜孜以求。

用思想成就伟大，我们有太长的路要走，所以，老师此刻更在意的，倒不是“伟大的模样”，这个交给你们去创造，我静候佳音就好——坦白讲，老师的思想也远没有达到伟大呀，呵呵——而是如何能帮助你们长时间地保持好奇心和求知欲，而这，才是成就伟大的关键之关键，也是教育的题中义和必答题。

老师能想到并笃信之的一条经验就是：学会感受和享受思想的乐趣。在前人的奇思妙想与创新建构中，去触摸灵魂的高贵、智慧的深远、人生的别致、言辞的微妙；去感受卡尔·马克思（Karl Marx）用思想打破一个旧世界的壮烈，以及毛泽东用思想建立一个新世界的雄奇；去捕捉牛顿由一个苹果get到“万有引力”的灵感；以及胡适由一只“蝴蝶”开启新诗运动的胆魄……

享受思想乐趣的前提，是学会独立思考。《礼记·中庸》有言：“博学之，审问之，慎思之，明辨之，笃行之”，其中，“慎思”是中枢，所谓“慎思”，其关键就在于保持思想的独立与谨慎，无论决策的时候是否要考虑各方面的利益平衡，但对事件本身的思考一定要保持一份非功利的清醒。有了这份清醒，我们就可以超越时空的阻隔与浩瀚，达到思想自由的彼岸！说到底，思想的乐趣，根子上是一份人类才有的追求自由的乐趣。

学而不思则罔，愿你坚定地做一位思想的行者，尽享思想的乐趣与美妙，一步步书写出人生的壮丽与辉煌。

2021 年 5 月 23 日夜

之七 用好语言的画笔

亲爱的同学们：

今天，老师与你们分享一个公开却未必人人尽知的秘密：我们所处的这个世界，既是由一个个耳目所及的客观物象组成的，但更是由人类所独有的符号系统——语言文字所构成的。一如我们在了解历史的时候既要观摩出土的文物，更要品味穿越时光的文献，以及经年累月流传下来的关于历史的解读。

老师之所以如此看重语言以及对语言的理解与驾驭，是因为它天然地与我们的“思想发育”息息相关。上一封信我们谈到享受思想的乐趣，那是给我们在前方点亮一盏光明与希望之灯，但距离我们真正达到光明与自由，却有一段并不平坦且比较漫长的路要走。这一段路要想走得稳、走得好、走出精彩，保持独立、自由的状态是必要的，用好语言的画笔却是保障的关键。

所谓“语言的画笔”，其实是一种记录世界、拥抱生活、亲近文化、创造思想、推进文明的路数，当然，它同时也是一种思维模式、表现形式与生活方式。教育并不奢望每一个孩子将来都成为科学家、政治家、“首富”这样的超级成功的人——事实上也不可能——因为，比起这些看得见的“成功”，我们更关注每一个个体生命实实在在的成长品质与幸福水准，我们更在意，你在成为一个“成功”者之前首先是一个有意思的人，按王国维的说法，则是“可信又可爱”的人。让这个世界五彩斑斓的颜色成为我们装点生活、美化人生的元素，让人类文明的一切成果成为诱发我们思考灵气并开创出思想新境界的契机。所以，要用好语言的画笔，请务必保持一份好奇心、研究心和表达心，在“好奇”中邂逅宇宙之无穷，在“研究”中品尝系统的魅力，用“表达”沉淀出专属于自己的精彩。

当然，语言的画笔不同于一般的画笔，它要求执笔者不仅仅熟悉文字材料，不仅仅满足于简单地完成一部思想作品，而是要让你用语言画笔所描绘的世界抑或片段，都与你的灵魂达成一种完美的和谐，而这份和谐才是快乐的极致和源泉。

亲爱的同学们，我期待你们用足用好语言的画笔，不是因为我要你们为学校贡献多少可以用于炫耀的成绩与作品，而是因为，我希望你们将来在回首青春的时候，不会因为缺乏思想的灵动与奋斗的亮色而暗淡无光、平庸无奇。让稍纵即逝的青春绽芳华，你们的人生就有价值，你的未来也注定不凡。这份源自价值和不凡的快乐，从来都不是谁恩赏的，而是自己奋斗出来的！

静待你们的精彩。

2021 年 5 月 26 日

之八 保持审美的心境

亲爱的同学们：

你们好！今天老师想与你们聊聊关于审美的话题。“审美”一词，对于大多数少年朋友来说，是陌生的、懵懂的，或许还是无趣的。然而，它对于我们拥有品质人生却是不可或缺的，它不仅仅是一种我们打量世界的眼光，也是一种我们与世界好好相处的方式，它关乎生活的色彩、温度和幸福。

追求幸福，是人类本能的渴望，但我们大多数人的大多数时候却在与不幸做抗争。老师将这个你们终将心领神会的人生“秘密”早早地透露给你们，绝不是为了危言耸听，只是希望你们能以一种更加务实而坚韧的姿态来面对人生路上一切可能出现的不幸，无论它们被名之以艰难、失意、无助，还是绝望……

叔本华对人生不幸的根源做过一番追索，得出的结论是：“生命是一团欲望，欲望不能满足便痛苦，满足便无聊，人生就在痛苦和无聊之间摇摆。”一些鸡汤心理学这对这种痛苦做了更接地气的解构，比如“四不论”（放不下、舍不得、想不透、输不起）。这些洞察其实都很有见地，或是一剂猛药让我们抛弃幻想，或是一种安慰让我们感到有人理解，但都只能是一种镇定剂或是安眠药，可以治一时之“标”，不能治一生之“本”。

难道就没有治本之路？当然不是。我们无法改变不幸降临的时间、节奏和猛烈程度，但是我们可以理性地选择对待不幸的态度和阐释不幸的方式。我们不妨将这样一种人生的活法称之为“知性的生活”。知性的生活以知识、理性、智慧为基底，以“爱思考”为本质特点。持这类生活观的人，会主动将人生路上所遇到的任何面目的不幸纳入更为广阔的历史视野与知识系统中加以观照，从而得到一种或理论或常识上的自洽与和谐，完成对不幸的消解。

当然，知性的生活需要学识和能力，这个非一朝一夕之功，但比起一生为不幸所折磨，前期的时间成本是值得的。不过，光有学识和能力是不够的，更为重要的是心境，这“心境”内涵丰富，包括淡泊名利、探寻真理、乐于奉献，等等。但老师认为，这其中最重要的是审美。

我们熟悉的朱光潜、宗白华以及冯友兰先生等，始终保持一种审美的心境，真正地做到了“集高明而道中庸”。

比如朱光潜先生在《谈读诗与趣味的培养》一文中就谈道，诗是培养审美趣味的最好媒介。要养成纯正的文学趣味，我们最好从读诗入手。读诗的功用不仅在消愁遣闷，不仅是替有闲阶级添一件奢侈品；它在使人到处都可以感觉到人生世相新鲜有趣，到处可以吸收维持生命和推展生命的活力。

有了这样审美的心境，我们就能从一丘一壑一花一鸟中发现“宇宙是无尽的生命”，从“山间之明月、江上之清风”中获得一种“与天地精神相往来而不傲睨万物”的通脱、淡定与从容，对于其他种种际遇可有真确的了解，而且也绝不会觉得人生是一件干枯的东西。情趣愈丰富，生活也愈美满，所谓人生的艺术化就是人生的情趣化。

老师曾经读过朱光潜《谈美》中的一篇文章《慢慢走，欣赏啊》，阿尔卑斯山谷中有一条大汽车路，两旁景物极美，路上插着一个标语牌劝告游人说：“慢慢走，欣赏啊！”许多人在这车如流水马如龙的世界过活，恰如在阿尔卑斯山谷中乘汽车兜风，匆匆忙忙地急驰而过，无暇回首流连风景，于是这丰富华丽的世界便成为一个了无生趣的囚牢。是啊，欣赏也就是“无所为而为的玩索”。在欣赏时，慢慢走，发现美，于是人和神仙一样自由和有福，而不会有太多的惋惜和错过。

宗白华先生说:“一切美的光是来自心灵的源泉，没有心灵的映射是无所谓美的。”既如此，萨特那句“人唯一的不自由，就是无法摆脱自由”的高论，我们或许也可以反其意而为之：人生最大的幸福，就是对不幸的孜孜以解。

因为，我们有发现美的眼睛，和品味美的心境。

2021 年 6 月 7 日夜

之九　挖掘无限的潜能

亲爱的同学们：

不知道读了前面八封信，你们有没有产生疑惑：老师一会儿聊世界，一会儿聊选择，一会儿聊空气，一会儿聊青春，一会儿聊知识，一会儿聊思想，一会儿聊语言，后面还聊到了审美，这到底是个什么章法，又有何真正的用意呢?

其实，这一切都是在为老师今天要与你们聊的话题做准备：挖掘无限的潜能。之所以要做如此漫长的铺垫，是因为老师深知，人的发育和发展不应是粗暴的程序植入，而应是灵气与性情得到充分舒展后的渠成水到。

小升初，我们的人生才刚起步，看起来比较懵懂，也比较稚嫩，但这也正是青春所无与伦比的意义所在，因为这懵懂与稚嫩背后却是人生的无限可能。而教育要干的事情，就是发现这诸种可能的苗头，并通过系统性的设计与引领，创造一个个与之相得益彰的情境，让这种可能一步步成为现实。

正如卡尔·马克思所言，“外因是条件，内因是根本，外因通过内因起作用”，你的可能人生如何变成现实人生，最关键的因素还在你自己。当然，老师会结合个人经验和所学所思，提供一些温馨提示供你们参考，希望能带给你们一点点启发。

老师认为，人的潜能是深不可探的，也可以说每个人是差不多的，关键不在于探明储量的大小，而在于开发和挖掘本身。所以，挖掘潜能的要素其实有三：一是“我要开发”的自觉意识和积极意志，没有人能叫醒一个装睡的人；二是正向刺激潜能蠢蠢欲动的各种积累，比如知识、理论、产品、人物，等等；三是反向砥砺潜能的压力与磨难，古今中外没有哪位成就非凡的人是一帆风顺的。

上述三个方面的素养，第一、三都属于意志、心的范畴，第二属于学习、技术范畴。根据潜能挖掘的内在逻辑，在我们尚未定型的阶段，我们不能过早地给自己的人生设限，过早地将自己的兴趣爱好锁在一隅，一则随着时间的推移，我们对同一事物的看法会改变，二则那些我们所排斥的东西讲不定会加深我们对所以喜欢的东西的理解。这世间的千姿百态也好，千奇百怪也好，只要我们利用得法，都可以成为潜能喷薄的切入点与突破口。机会对于每个人来说都是平等的，能不能挖到宝贝，还要看你是否能瞄准目标孤独前行。

“会当凌绝顶，一览众山小。”我们首先要培养广泛的兴趣，然后要具备专注的能力。

2021 年 6 月 8 日夜

之十　遇见最好的自己

亲爱的同学们：

这是老师这一季写给大家的最后一封信了。感谢你们和你们的家人在炎炎夏日花费宝贵的时间，耐着性子读到这里。

随着暑假的到来，你们将真的和小学说再见了，所谓“再见”，在人生这场单向度的旅程里，其实是再也不见了。

未来，无论人生走到什么阶段、什么位置，我们对小学总是会充满怀念和回味。

小学的天空是湛蓝湛蓝的，因为你们的父母和老师为你们驱散了一切乌云；小学的时光是五彩斑斓的，因为你们和你们的同学都有着天才的想象力。

人生 = 经历 + 回忆。二者缺一不可，所以，对于已然成为回忆的经历，我们好好珍藏；对于即将创造回忆的经历，也要充满期待。

在与小伙伴的依依不舍中，你们也许会对即将开启的初中生活充满忐忑，比如：陌生的环境，不熟悉的面孔，更为繁重的作业，严厉许多的老师……

在此，老师想说的是：不要怕！不仅不要怕，还要学会享受这崭新的时光。因为：

在这个阶段，我们会通过文学体会到人心和人性的丰富，我们会登上历史的时光机遍览古今的风华，我们可以通过函数在不同空间中搭建起美妙的关系，我们还会通过电路揭开光明与动力的秘密，通过细胞和分子去追寻生命的逻辑，通过计算机领略到科学前沿的魅力。

在这个阶段，你们对友情的定义，再不会仅仅停留在“玩伴”和

“吃伴”的层面——尽管这也是友情的必要内涵，哈！——而是会主动地相互勉励，共同进步，甚至建立起类似马克思和恩格斯那样伟大的友谊。

在这个阶段，你们对周遭的感受与认识也会不一样。你们不再觉得父母的付出理所当然，你们不再觉得世界就是母校这片小小的天，你们不再觉得成功的路只有一条。最关键的是，你们在众多从平凡到卓越、从卓越到更加卓越的同学身上，再也不相信“人的一切都是命中注定”。

不错，老师要的就是追求卓越的你们，但老师更期待你们在这新阶段里，在追求卓越的同时，修成一颗与自己、与周遭、与世界彼此和谐的心，那才是成功的高阶和幸福的源泉。

最后，再容老师唠叨几句：人生很长，但关键处就几步，赢在转折点比赢在起跑线更靠谱，所以，这个假期极为重要，切不可荒废噢！无论是去阅读、去充电，还是去旅行、去创作，总之，要在路上。

在路上，才能遇见最好的自己！

2021 年 6 月 9 日夜

下好先手棋

——“双减”背景下致家长朋友的十封信

之一　愿做教育主人翁

亲爱的家长朋友：

您好！

2021年，一项注定会载入中国教育史册的大手笔——“双减”走进了我们的生活。所谓“双减”，其主要内容包含两点：一是减轻学生作业负担；二是减轻学生校外培训负担。舆论普遍认为，这是对中国教育痼疾顽疾的一场革命性的治疗与纠偏，必将对中国基础教育生态与历史走向产生深刻影响，也是一件利国利民、人心所向的大好事。

当然，现实的世界没有“天降馅饼”的童话。“减负”不减质，首先承压的是学校。围绕“双减”政策下的教育提质增效，我们对学校教育诸环节各流程全要素进行了结构性优化。不过，教育是学校、家庭、社会三位一体的事业，学校再努力、老师再勤勉，如果不能得到家庭这一教育关键要素的结构性支撑，其效果势必大打折扣。所以，从今天开始，我希望通过书信对话的方式，与广大的家长朋友进行一轮系统性探讨，希望我们能在新形势下建立起一种更加深层而务实的互信，合力推进孩子的全面发展与充分发育。

“双减”的政策红利对每一个家庭都是公平普惠的，但同时也让“家庭”在取缔非负担性竞争后的正常竞争中扮演着越来越重要的角色。德国教育家福禄培尔（1782—1852）在近200年前就提出，“父母是孩子的第一任教师”。但是对于中国教育来讲，这一论断长时间地仅限于学者的呼吁和少部分高知家庭的优势，而不是全民性的自觉与习惯。从来没有哪个时代像今天这样，对家庭教育在孩子终身发展中的认知启蒙、行为养成、思想引领、情感熏陶、精神发育等领域的主场作用有这样强烈的感召与呼唤。这份“强烈”与多年来全民性教育焦虑的“蓄势”不无关系，但从人类历史演进的自身规律与节奏来看，我更倾向于将之看作中华民族在经济发展与物质文明到达一定程度后，民族复兴全面深化、国民素养全面进阶的一个自然而然的动作与过程。

天下大势，顺之则昌。既然“双减”的镁光灯让家长在孩子成长中的不可或缺、不可替代的重要作用得到聚焦和放大，更随着《中华人民共和国家庭教育促进法》的颁布实施，我们就特别有责任和义务对“父母”“家长”“监护人”等叫法不同但实质无异的专业角色，来一场深度的反思与体认。这里面包括但不限于：着眼孩子长远发展的战略准备，针对孩子成长中具体问题的科学引导，与孩子成长相关的各类主要关系的妥善处理，亲子相处中的语言艺术，等等。虽是一孔之见，也不见得都对，唯愿抛砖引玉，引起更多参与和高见。

但是，在开启这场讨论之前，我希望与您达成一个必要的共识，那便是：心甘情愿要当好孩子教育的主人翁，不只是因为法律责任与道义担当，更有一份对人生升华的追寻。

2021年11月21日夜

之二　用好考试窗口期

亲爱的家长朋友：

您好！

在孩子的教育问题上，我们首先部分地解决了“心”的问题。说是“部分地”，是因为这里的“心”至少包括三个层面的意思：一是欲望，发自内心地想做这个事；二是心态，理性地看待与应对考试反映出的问题；三是意志，在正确的方向和路径上持之以恒。前面，我们达成了“愿做教育主人翁”的共识；接下来，我们就具体到一个个问题展开探讨。

我是校长，但也做了 20 多年的家长。在升学压力、就业竞争的大形势下，犬子从幼儿园到研究生毕业参加工作这段漫长的成长马拉松期间，我体会过大家普遍体会过或即将体会的焦虑，也曾羡慕过别人家的孩子。对于大多数人而言，这诸多焦虑中，最最伤心伤肝伤肺伤肾伤胃的莫过于来自考试的焦虑。

在深圳这样物质文明高度发达的城市，孩子的出路较广，大家的思想更为开明，“一考定终身”命运效应不像内地那么强烈，但因孩子考试带来的焦虑也是广大家长朋友们众多焦虑中“战斗虑”。这背后的原因是多方面的，有不少专家学者进行过深入探讨。其中一个重要的因由，或许是我们从小就习惯了、在工作中也延续着“结果导向”的“宇宙真理”思维，我们总是像投资了就要有回报，还最好是超高利润回报的资本家一样，每次考试结束就急着要成绩，往往眼里还只有成绩没有“人”。

教育从来就不回避功利，成绩从来就无比重要。然而，学习是一个复杂的系统工程，好成绩是多种因素共同作用的结果，不是一锤子买卖的烧香拜佛，就像我们一心只追着钱跑就注定赚不到钱，一心追着名跑就注定事与愿违。南宋大诗人陆游的说法是“汝果欲学诗，工夫在诗外”。

提高成绩的努力可以从很多方面着手，但在什么时机下手很重要，因为同样的话在什么时候讲、以怎样的方式讲往往效果迥异。我建议大家一定要用好考试窗口期。前不久，我们就举行了期中考试，考试结果出来，几家欢喜几家愁，不少人本来相当不错也要强说愁，让人五味杂陈。

所谓用好考试这个窗口期、机遇期，是希望大家少一点无意义的唠唠叨叨，多一点学习共同体的感同身受和有实在建设意义的智慧引领。我们很多家长朋友其实都是高级知识分子，当年也是学霸级的人物，可是身份变成家长，似乎又忘记了当年自己对家长的种种不满与无可奈何了。试想：如果这样的代际效应循环往复，即便成绩提上来了，我们的人生品质是不是也要打一个问号呢？

“双减”既不是减压，也不是减负，它一减不优秀的孩子，二减不重视和不会教育的家长。希望以后每一次考试结束，我们都能和孩子坐下来彼此尊重且充分民主地谈谈心，不回避问题，也不以成绩和问题来印证自己此前预见的“高明”，亲子关系是典型的零和博弈，要么双赢、要么双输，不存在一方赢一方输。如果我们不具备在专业上引领的能力，就勇敢地向既专业又善于沟通的老师、亲友、长辈、同学求助，先做通孩子的思想工作，让他打心眼儿地重视学习、爱上学习，然后要提供可操作性的配套方案，最后还要富有耐心和温情地陪伴。这个过程，不急不躁，允许反复，决不放弃，静待花开。

祝好。

2021 年 11 月 23 日夜

之三　下好战略先手棋

亲爱的家长朋友：

您好！

上一封信我们讨论了面对考试窗口期的正确姿态。然而，如果静心思之，我们越是对考试窗口期无比在乎和束手无策，往往也意味着我们此前教育中存在的缺失或错位越严重。凡事皆有因果，正如这世间没有无缘无故的爱和恨，孩子今天在考试上的焦虑与问题，根源不在今天，也不在昨天，而是比昨天更早一些的小时候。

有人说："幸福的人被童年治愈，不幸的人一生在治愈童年。"我深以为然。关于早期教育的重要性，孔子说得透彻："绘事后素。"说的是，有良好的质地，才能锦上添花。小朋友刚来到这世界的时候，白纸一张，后来会造化成什么模样早已在原生家庭种下了"因"。然而，几乎所有的家长做家长都是直接上岗，特别是"一孩时代"，很少有自觉和有机会以 20 年、30 年后的睿智与豁达来富于前瞻性和系统性地给孩子做科学的生涯规划，自然对孩子成长过程中已经出现和可能遇到的问题也难以理性地审视与对待。

无论是学校还是家庭，"对孩子负责"无疑是一条宇宙真理，不过，在现实生活中，这条真理往往沦为借口，而不是追求。我们丝毫不怀疑家长关于孩子的任何言行都是本着这一无可厚非的初衷，然而我们也必须承认，"对孩子负责"的内涵是丰富的，境界上也是有高下的，甚至可以说，它就像一面镜子，映照着我们自身的修为。这里，我绝不是要标榜自己有多高明，事实上，我真的也不高明。但是，既然我们选择（也可能是被选择）了当老师或做家长，我们就有义务向高明人学习。

沧桑轮回，我们往往在经历了多年的折腾与挣扎后才恍然大悟，其实这些年都没有活出父母的影子或是某位高人的预言。父母和老师很可能就是孩子们一生的格局天花板，所以我们没有理由不在不断向高人学习中变得高明。世俗人生，最重要的两大主题无非成功和幸福。我所谓的战略先手棋，既不玄奥，也不是神秘，就是这成功之道与幸福密码。通道必简，“道”和“密码”层面的东西肯定不会太琐碎，而且还可能出现一些仿冒者影响和动摇缺乏定力的人。当然，真正的高人，让您在“道”上醍醐灌顶的同时，也能在“术”上给予配套引领。

下好“向高人学习”这个战略先手棋，其实并不容易。因为这里面有几个条件缺一不可：一、得有高人，但有一说一，生活中高人对大多数人家都是稀缺的，高人和名人和一般意义上的成功人士可不是一回事；二、得能识别高人，高人从来都不写在脸上，我们自身见识达到一定高度方可能具备这样的洞察力与鉴别力；三、得能读懂高人的高在何处，对于孩子的战略意义何在。

当然，不必紧张，也不必彷徨，向高人学习≠向生活中的高人学习。高人的存在范围是极广阔的：可以是今人，也可以是古人；可以是中国人，也可以是外国人；可以是行内人，也可以是行外人；可以是活人，也可以是死人。

一言以蔽之，我们在要求孩子爱学习、学习好之前，要让自己成为爱学习、会学习的人。坚持做“学习型父母”，很多问题将迎刃而解，很多焦虑将不复存在。

2021 年 12 月 2 日夜

之四　当好思想引路人

亲爱的家长朋友：

您好！

尽管我们将向高人学习、向大师学习视为人生重要的战略先手棋，然而，由于受小朋友当前阶段视野格局与理解力的局限，即便我们幸运地结识到当世的高人，抑或我们选对了过往的大师，在高人、大师与孩子之间，我们也必须扮演好从知到知、从知到行的转换者角色，即我们常说的“扶上马送一程”，否则一切都将成为徒劳。

当好孩子的思想引路人，自然不易。这个过程中一定会出现反复，也充满艰辛。我们会因为孩子的无动于衷、屡教不改而暴躁，我们也会因为自身的智所不及、力所不逮而懊恼。然而，唯其不易，则更可能一劳永逸，因为思想的引领，本质上是解决心的问题，直指“学会学习”的初心。

关于孩子思想的引领，中学阶段有一些焦点关切与基本方位。其中，家长朋友普遍面临着一个棘手的问题，那便是孩子学习动力不足，也就是“为什么要学习？为什么要努力学习？”的问题。现在的孩子不像我们当年，有强烈的“改变自身命运”的意志支撑，他们生活在衣食无忧的环境里，即便是家长节衣缩食，也尽可能不让孩子感受到生活的压力，以免孩子的自尊心受伤。一些家长朋友积攒的财富可能孩子的孩子都花不完，加之看到不少名牌大学生毕业后境况一般，也情愿不自觉地放松对孩子的要求，自觉并努力地做一个“让孩子拿去拼的爹”，从而错过了最佳的思想引领期，甚至造成“差之毫厘，谬以千里”的后果。

一代有一代之少年。虽然传统的功利驱动已显得苍白无力，但我们仍没有道理要在孩子的思想引领上当甩手掌柜，因为毕竟是亲生父母，要对孩子负好这个责任。

面对新时代少年如何做一点有新意的思想动员？我在一本书上看到的一个比方或可引为镜鉴：我们每个人都有“两个身份证”，一个是爹妈给的，没得选也没必要选，感恩就好；一个是靠自己努力争取奋斗来的，它是社会评价你的最根本参照，那就是你的大学本科学历证书。如果你本科学校好，很多同学其实不用再继续读硕士、博士，反之，你则需要“继续深造”来漂白你缺乏竞争优势的本科学历。算算时间成本及综合效益，肯定是中学几年竭尽全力考一个好大学性价比高。这个说法未必一定对或全对，不过多少也有几分道理，且听且斟酌吧。

能结合自家孩子的特点解决学习动力问题，可以说成功了一半；紧接着，就是要在有关学习方法的思想引领上及时跟进。孩子学习成绩好，与补课、刷题、熬夜的数量不存在必然关系——尽管对于大多数孩子来说，特别是在应试语境下，笨办法、苦功夫多少都会有点益处——根本上靠学会自学和治学。每一个学科都有其自身的知识体系、考查重点、常见陷阱与标准化作答的逻辑，如果我们吃透规则，建立起自主、高效的学习习惯与答题操作系统，岂不是事半功倍？

当然，教育要尊重客观现实和自然规律，自己的孩子自己最了解，思想引领的节奏必定有快慢之分，更何况我们自身的相关知识储备、技能技巧并非整齐划一，也不可能无师自通、一蹴而就，所以，多一点耐心十分必要。

孩子的思想引领，我们责无旁贷，任重道远，永远在路上！

2021 年 12 月 8 日夜

之五　建好家校连心桥

亲爱的家长朋友：

您好！

如果说，孩子学龄前，我们就有高度的教育自觉，主动当好营养管理师、习惯引领师；后来，当孩子学习兴趣欠佳、后劲乏力时，我们又以超常的格局做好心灵按摩师、能量调节师，那么，我们已经相当难能可贵了。然而，即便如此，我们的作用也是有限的，还会常常觉得力不从心，甚至无能为力，因为孩子的成长中不只有家庭这一个主场，更多的时间和空间在学校。既然在孩子教育这个系统的关系中，我们最本质的角色是家长，那么，我们就要在构建良好的家校关系中体现出高水准的担当与高质量的作为。

我们处在一个教育现代化不断演进、深化的时代，这个时代最显著的特征之一，就是家校共育成为大势所趋和全民共识。“家校共育”不是一个空洞口号或是为概念而概念的概念，而是对现代生活方式、状态的洞察概括与能动反映。学校给了孩子成体系、有节奏、社会化的成长平台，家庭给了学生个性化、无条件、可持续的成长后盾，尽管两个主场都从未停止追求自我优化的脚步，但总的来说，始终各有所长各有所短，而且这种“短”是结构性的短，不以人的主观意志为转移，也不可能依靠小修小补而根变。当然，我们也可以说，我们本就不需要让两个主场一般齐整，正如我们想吃上好的鸡蛋，并不一定非得去开个养鸡场。

在跨界与资源整合盛行的时代，架桥的意义在于 1+1 ＞ 2。这个道理用在家校共育上再恰切不过。教育和其他事业或者生意不同，赢的不是财富的数字增加或是官阶的级别提升，而是孩子的未来。虽然事实上孩子未来在事业上的成就未必能超越已然无比卓越的家长，然而，对于孩子单程票的人生，我们唯一正确的姿态就是抓住一切机会、付出所有心血，尽量让孩子越来越好！对孩子未来的这份敬畏、尊重与珍视就是建好家校连心桥的根基与灵魂。在这个大前提之下，我们才有必要和有底气去谈论敬畏青春、尊重知识、善待周遭、珍视光阴等人生的元问题。

天下武功唯“快”不破，人与人之间唯“诚”不摧。家校连心桥意义重大，但是并不神秘和遥不可及。我们最需要做也最基本的是，培育起一份深度的诚意。我们应当深刻地认识到，因为孩子，家庭和学校之间是命运共同体而不是对立的甲方乙方，家长和老师之间是彼此合作的伙伴而非要时刻防着对方的敌人。家校连心桥是家和校共同的桥，双方都有责任和义务不断完善自己。不过，在这里，我们且将侧重点放在提高认识、凝聚共识上。再好的学校也不能保证每一位老师都完美无瑕，就像我们从不预期每一位家长都通情达理。但是我们应该对彼此有一份基本的信任，真诚地理解彼此的难处，体谅彼此的不足，因为如果精力允许、如果能力足够，无论老师还是家长，都希望向每一个孩子倾其所有。

言传与身教一个都不能少。当我们将这份对学校、对老师充溢着善意、诚意的理解与体谅，以一种推己及人、春风化雨的方式在生活中不经意地传递给孩子，那么，会胜过多少僵硬无感的说教啊；当学校和老师从这份善意与诚意中感受到来自家长的深度理解与认可，再面对您的孩子的时候，也会多一份别样的敬意与使命。

感恩是相互的！

2021 年 12 月 16 日夜

之六　把好距离分寸感

亲爱的家长朋友：

您好！

上一封信，我们初步探讨了“建好家校连心桥”的必要与可能。不必讳言，作为校长，我期待并努力构筑起一种彼此理解、合作的家校关系，因为这是学校壮大育人合力、提升治理效能的战略支撑，然而，作为老师和曾经的学生家长，我更知道这对于孩子的“社会化”进程的提质提速意义重大。“父母之爱子，则为之计深远”，不可不有此自觉与主动。

孩子的社会化进程是一个不以个人意志为转移的必然，无论我们在情感上有多么的不忍、不甘与不愿。有位诗人道出了其中的真谛：“孩子其实并不是你们的孩子，他们是生命对自身渴求的儿女。他们借你们而生，却并非从你们而来。”（纪伯伦《先知》）说得直白一点，孩子都有自己的路要走，在人生这个庄严的问题上，我们不能代替一切，不能包办孩子的一生，就像我们不能拾人牙慧一样，尽管很多厉害的家长确实有此能力，即便没有能力亦会乐此不疲。越早对此保持清醒，就越能避免由自身“顽固”导致的失落甚至受伤，事实上，这样的遗憾与悲剧不是没有。

推进孩子的社会化，培养孩子以社会价值为导向的独立人格、价值定力、学习兴趣、工作能力，是教育的题中义和必答题，不过，这个目标的实现并不容易。在家长方面，需要做的工作很多，其中也包括哪些事情该做和不该做、该做的事情什么时候做以及做到什么程度等等。在孩子教育和社会化过程中，家长的合理“抽身”与合理“出现”一样重要，特别需要讲究艺术性。

记得曾经有这样一则作文材料：在某景点，一对外国夫妇和一对中国夫妇在长椅上坐着休息，他们刚刚学会走路的孩子在一边玩耍，一不小心两个小孩都摔倒哭了起来。外国父母仍然在一旁聊天，好像没有听到看到；中国父母忙上前把两个孩子都扶起来并轻言安慰。这对外国父母对中国父母很不满地说：“就应该让孩子自己爬起来。你们把他扶起来，只会造成孩子对周围人的依赖！”中国父母也非常生气，回答说：“你们这样的父母太冷漠，孩子心里会很受伤，他会怎么看这个世界？！”他们的争执引来很多人围观，大家议论纷纷。命题者要求考生针对这场育儿理念冲突谈谈理解与思考。其实，在我看来，“扶”是为了让孩子从小感受到爱与温情，未来则会更懂感恩，更愿意传递爱与温情；“不扶”是希望孩子从小经受历练，以增强未来独立生存的能力，志在将来做遨游大海、战胜风浪的水手。所以就材料中的情景而言，“扶”与“不扶”都说不上绝对的“对”或“错”，正如我们在亲子间出现分歧与冲突的时候总能自洽一样，最根本的取舍源自我们期望孩子成为什么样的人。

上述材料聚焦了亲子关系中一个重要方面，但肯定不能辐射这个领域的全部问题。特别是随着孩子成长的推进，我们在很多方面的陪伴者角色，赋予了我们更多力所不逮的期许，这个时候，也许及时地让渡一部分空间与距离出来，给孩子自己或匹配度更高的人来填充，是一种不错的选择。这种让渡不是放任不管，但与其一个人包打天下、无所不能，不如让孩子看见更远的距离，独上高楼，见贤思齐。

把握好与孩子距离的分寸感，本质上就是把握好亲子关系的“道”和“度”。这个过程中，家长应该多一分“为之计深远”的智慧与担当。

祝好！

2021 年 12 月 21 日（冬至）夜

之七　做好心灵按摩师

亲爱的家长朋友：

您好!

上一封信，我们开始了系统性地探讨亲子关系这一人类社会最基础的关系。今天我希望与大家具体而微地聊一聊孩子成长过程中的“心灵按摩”问题。顾名思义，“心灵按摩”就是在心灵受伤、僵硬、结节等不通不畅的时候，给予孩子及时而温情的抚慰、开导，使之重拾信心，回归正轨。

在以中、高考成绩作为核心目的甚至唯一目的的时代，我们从来就不缺“大师”“名师”“鸡血师”“魔法师”这些“成功学”的助产士。然而，孩子心灵上的诸多问题与隐患为中、高考的主流议题设置所遮蔽，直到若干年后才在看似不相干但同样很要紧的领域爆发出来，影响心理健康和幸福指数，甚至饮憾终身。现在情况有所好转，特别是“双减”政策的出台，致力于从根子上对教育痼疾、顽疾的拨乱反正、正本清源；不久，国家又出台《中华人民共和国家庭教育促进法》。两大“实招”“硬招”初心无异：让教育回归“人”。

让教育回归“人”，不是要淡化或漠视人性中不可或缺的功利心、进取心，而是要让孩子以追求自我需要的幸福心态，探寻真理、挖掘潜能的主动姿态去重新考量学习和奋斗。这势必要求我们的家长朋友也要能跟上历史前进的节奏，主动深化对生命特别是孩子人生意义的理解，优化亲子间相处的方式，科学配置对孩子的营养供给。不满足于一剂“成绩强筋壮骨膏”就万事大吉，而是在孩子生活、学习、娱乐的点点滴滴中感受变化、洞察问题、体谅需要，然后用您那至亲者的温情与无私、过来人的练达与睿智、战友般的体贴与仗义，去做他的及时雨。而且我们要主动自觉并理直气壮地将这个丰沛的过程，视作教育的必要构成，尽情体味教育的微妙和美好。

教育，不是形而上学，它首先是为了让孩子成为一个幸福的普通人。网友总结得好：让他在和爱人吵架的时候，有更多智慧去解决矛盾；让他在被人评论时，有更多智慧去面对内心；让他在一个晚霞满天的傍晚，在湖边散步时感到幸福；让他在书海遨游，睽得新知时感到满足；让他怀抱对世界的热情，发现世界那么有趣，生活那么有味；让他有智慧，和谐地与世界、与家庭、与朋友、与自己相处。果真如此，善莫大焉，那就是教育最理想的愿景。我们经常听到有人感叹自己这辈子或迄今为止这些年，一点都没有成就感，人生一点都不划算，其实不是真的不划算，是我们缺乏咀嚼生活与意义建构的兴致与能力。

怎样让孩子成为一个幸福的普通人？在父母，首先得接受孩子的不完美，这种接受不是消极，而是理性客观地面对事实。其次，要告诉孩子所有的不完美都是相对的，这种“相对论”包括两个层面的内涵：一是在人与人之间，没有谁在哪一方面是绝对的强或是绝对的弱，所以我们无论身藏何种缺陷或是身处何种困境都不必自暴自弃；二是自己与自己相比，那些需要刚性克服的不完美总有进步的空间和弥补的可能，那些未必至要、无伤大雅的不完美大可不必杯弓蛇影、作茧自缚。如此，孩子累时，我们就送上肩膀让他靠一靠、歇一歇；孩子受挫时，我们就换个环境让他缓一缓、停一停；孩子遍体鳞伤时，我们就铺好床让他躺一躺、养一养。我们帮他们暂时卸下“盔甲”，就像我们也需要时不时摘下“面具”。

其实，心灵按摩的根本法宝就在于：对自己存一份有深度的真诚与友好，然后对待孩子像对待自己一样。

惟愿我们彼此安好！顺祝新年愉快！

2022 年 1 月 1 日晨

之八　当个最好的玩伴

亲爱的家长朋友：

您好！

上一封信，我们聊到孩子成长过程中的“心灵按摩”问题，让我们从“心”出发去和孩子感同身受和以心换心。这当然是极其重要的，但也绝对不是“父母之爱子，则为之计深远”的全部，因为除了语言和思想，实实在在地一起玩耍，或许会更加温暖而奇妙，对孩子学习成长的促进作用也更加深入而绵长。

很多人会觉得，上了中学还要陪孩子一起玩耍是没必要也不现实的，我也曾经在我的孩子上初一的时候深陷这样的误区，理直气壮、无意自拔，当然，买单的自然是我的孩子。因为我对学习成绩的高期待、严要求，我觉得孩子打篮球是浪费时间、弹吉他是不务正业、打游戏更是玩物丧志……我的孩子感到压抑和窒息，但是他敢怒不敢言，只是在日记中写道：

我的爸爸是很优秀的语文老师，他有思想、口才好，我辩论不过他就只能接受他的命令。但是如果可以，我真希望跟某某（同学）换个爸爸，某某的爸爸虽然没文化，但是他会陪孩子一起玩俄罗斯方块儿。

如今年过半百的我若看到这样的文字，我只会淡然一笑，一来现在的我绝不会让这样的事情发生，因为我深度服膺罗素所谓“如果你能在浪费时间中获得乐趣，就不是浪费时间”；二来我讲不定会觉得换个爸爸也不错呀，而且我还会“处心积虑”地找个合适的好标的易子而教。但当时的我道行尚浅，孩子的这几行字对我触动很深，因为我觉得这是孩子在向我发出了类似于“划清界限”或者“渴望远离”的危险信号，假如他那时能经济独立，讲不定就和现在一些比较伤妈的孩子一样，离家出走、说走就走了。于是，我开始研究起孩子的真实需要和兴趣爱好，我悄悄地学起了吉他、玩起了俄罗斯方块儿。在这个过程中，我确实体会到了专注于一件看似无意义却实在有意思的事情的快乐。然后，我乐此不疲地思考游戏和吉他背后的流行逻辑、兴奋机制和高手技巧，并把我的心得体会与孩子交流，孩子崇拜的眼神我至今记忆犹新。我们也渐渐成了一对彼此无可替代的好玩伴。

虽然我的改变并不能保证我和孩子的关系永远亲密，更不能也不应该不接受孩子的远离——毕竟每一个孩子发展的轨迹、节奏和领地都是独立且应该得到足够尊重的——但是这个生命中的小插曲值得以教育为生的我深以为鉴。因为无论是游戏也好，篮球也罢，还是街舞、吉他，本质上都是孩子快乐的依托与取径，只不过有些主流、有些非主流罢了。所以，如果孩子出现了沉迷于某种非主流爱好且到了影响学习的程度，那么，我们首先要追问的是自己：今天这个局面到底主要是孩子、游戏（或其他）还是自己的问题的？为什么不能让孩子在所谓健康的爱好中获得足够的愉悦？是价值观的偏差，抑或是器量的狭小，还是玩的能力有限？……越是刀刃向内，越是更接近实施的真相和治本的良方。

无论是大人还是孩子，大家都是人，都应该努力成为一个有趣的灵魂，有趣的灵魂的标配就是玩儿，有爱玩的心态，也有会玩的灵巧。

成为孩子最好的玩伴，为了温暖和点亮其无限的未来。

2022 年 11 月 30 日

之九　做好学习参与者

亲爱的家长朋友：

您好！

上一封信，我们鼓励大家主动解放思想、转变观念，深度融入孩子的成长，争取成为孩子最好的玩伴。这让一些本就焦虑不堪的家长朋友更加犯难，觉得孩子学习时间如此紧张，自己工作谋生也不容易，哪有闲工夫来让孩子玩和陪孩子玩呢？甚至有家长朋友在后台留言：“校长要是真厉害，不如直接开个药到病除的方子得嘞！”

多年积攒下的焦虑瞬间化解的方子有没有？我想，也许有吧，但是我并不认为才疏学浅的自己开得了这个方子。不过，也不至于半点建设性意见也没有。冷静思之，我们无论是对孩子的焦虑，还是对自己的焦虑，说到底都是因为我们对孩子或自己处理本职工作的质量和效率的不自信，甚至手足无措。根子上还是“心”的问题没有解决。

我们有没有可能把学习甚至工作变成“玩”一样的事情呢？当然是可能的，而且本就应该朝着这个方向努力。当然，我们这里说的“玩”，不是散漫闲逛、躺平摆烂，而是一种比较超脱且能纵横捭阖的潇洒。潇洒是一种治学姿态，更是一种结果状态。由于结果导向的思维根深蒂固，我们很多人习惯了在这个问题上颠倒是非因果，背离教育初心，给亲子关系造成了难以抚平的伤痕。

学习的问题最好还是在学习上过。我们不是要提倡家长要在孩子上小学的时候再上一回小学，在孩子上中学的时候再上一回中学，那只会让教育的生态更加恶化，也不能从根子上解决问题。但是我们主张，家长在面对孩子的时候，多一分知性的自觉，做一个家庭学习事业的积极参与者和建设者。当然，针对不同阶段的孩子，我们参与学习的侧重点会有所不同，比如：孩子幼儿园的时候，我们往往需要用探索宇宙真理一样的“科学精神”去和小朋友一起研究和讨论蚂蚁为什么能战胜大象；孩子上小学了，我们又往往需要把字写得跟字帖一样俊秀；孩子上初中了，我们很可能需要添置一些物理、化学、生物的实验器材，一起捣鼓；到了高中，我们还可能需要设计一个项目式学习的课题。

做好这样的学习参与者，需要具备一定的认知基础，但绝对没有学历上的太高门槛。即便我们干的是很普通的茶叶蛋生意，只要用心去钻研，进行体系化的思考，虽然不一定跟原子弹扯上关系，但至少可以从商业模式、敬业精神以及所不可或缺的基础知识出发，与孩子当下的学习内容发生联系和互动。须知道，很多今天我们津津乐道的成功人士，他们的起步阶段，绝对不会比茶叶蛋生意更加厉害。也就是说，保持一颗学习和钻研之心，也是让我们的工作变得顺风顺水的关键。

好好学习，天天向上。共勉。

2022 年 12 月 2 日

之十　喝上一杯忘情水

亲爱的家长朋友：

您好！

上一封信，我们倡导大家以健康、积极的状态深度融入孩子的成长，做好孩子学习的参与者，也许您还在为自己在这方面的准备不足或本领恐慌感到焦虑。这里，我们继续探寻，看看能不能再找到一些可资借鉴的路数或是方子。

近期，我重温国粹经典，读到《庄子·达生篇》中记载的一则小故事，或许会对我们有所启发：

> 颜渊问仲尼曰："吾尝济乎觞深之渊，津人操舟若神。吾问焉曰：'操舟可学邪？'曰：'可。善游者数能。若乃夫没人，则未尝见舟而便操之也。'吾问焉而不吾告，敢问何谓也？"仲尼曰："善游者数能，忘水也。若乃夫没人之未尝见舟而便操之也，彼视渊若陵，视舟之覆，犹其车却也。覆却万方陈乎前而不得入其舍，恶往而不暇！以瓦注者巧，以钩注者惮，以黄金注者殙。其巧一也，而有所矜，则重外也。凡外重者内拙。"

精确的翻译可以自行问"度娘"，这里我们取其与教育相关的要义。孔子游水为喻，讲明了一个深刻的道理，即锚定一个目标，专注于这个目标本身就好，要自觉地清除看似与目标相关实则目标身外的东西的干扰。否则，我们就很可能在一些无关紧要的事情上，勤奋地越走越远，而且往往还对这种"以爱的名义"理直气壮。

父母之爱是什么？是孩子嗷嗷待哺时的米糊糊，是两代人共同努力买下的学区房，是不眨眼睛报名的辅导班，是砸锅卖铁、想方设法也要搞定的事业编……没错，这里的每一种爱都是无比正义而伟大的，也都是无比实在而无私的。然而，我们也必须清醒而深刻地认识到，爱无止境，所有我们能用语言穷尽的爱，其实都是有形之爱，但是这之外或之上，还有一种忘掉爱本身的无形之爱，她不争高下，却自得风流。

市面上从来就不缺乏关于如何做好家长的速成大法，但是买来的书除了聊以自慰，鲜少有什么实质性的效果。其实，不是书上的方法不顶用，而是我们太习惯于以一种太过聪明的“性价比”思维去对待人和教育。不是说在教育问题和人才培养上讲功利、求效益有什么不对，而是要搞清楚我们的孩子，现在处于什么阶段和亟待解决的问题是什么。如果是学习动力、学习态度、学习价值观等等“心”的问题——事实上，基础教育阶段学生的问题基本上都根源于新的问题——那么请且慢一慢、静一静，须知心病终须心药医。

中华文化博大精深，沉淀了很多关于无形之教的智慧，比如“言传不如身教”“圣人处无为之事，行不言之教”“生活即教育”等等，只要我们别太计较我们在孩子身上投入的爱与情什么时候能收获回报、收获我们所期待的那种回报，而是怀着一种对生命的敬畏、对知识的热爱，尽情地享受教育和求知这个过程本身的乐趣，那么你所期待的那个花期反而会更快到来。

最好的鸡汤，其实是忘情之水呀。

2022 年 12 月 16 日

当好领路人

——致青年教师的十封信

之一　如选择有误可换道寻梦

亲爱的同人：

欢迎大家加盟我们这个光荣的行当。我的年纪大一点，也获得过一点小小的荣誉，但是我并不觉得这是好为人师的资本，相反，每每要一本正经地跟人交流的时候，我总是诚惶诚恐、战战兢兢的。易中天先生痛恨那些不入流的“青年导师”，我是赞同的；季羡林先生认为“倚老卖老”是一种最无知、无能的表现，我也是信服的。

所以，我今天胆敢用十封信的篇幅来与大家交流，其底气不在于我身上的资历和标签，而在于我所坚信的一条朴素真理，即“师者同心”：只要有利于自身提高、有利于教好孩子，无论谁的意见和建议，当老师的，都会有先听一听的雅量，不必急于拒绝或下结论，正如我总是时刻准备着从学生和老师那里取经淘宝一样。

和所有事业一样，我们首先要解决的都绝非技术上的问题，因为技术问题本质上是个熟能生巧的问题。比技术问题重要得多得多的问题是“心”的问题。古语云，“女怕嫁错郎，男怕入错行”。“心”的问题的第一层面，即你从事这个行业是自愿的还是将就的、是主动的还是被动的、是慎重的还是凑合的、是基于对行业深度认同的还是基于对谋生手段综合权衡的……如果这些没有想清楚，你很有可能做出了将来会后悔的选择。在接下来的漫长征途中，你难以点燃教育者那火一般的热情，也体会不到教育的真正乐趣与美妙，你只是一个被动的机器，甚至机器上的螺丝钉，你很可能形同枯槁，甚至与行尸走肉无异。我这绝不是危言耸听，你可以回顾一下，迄今为止你所接触过的学校，有多少老师，无论工龄多长，在他们身上完全感受不到教育人该有的那份骄傲与幸福，有的是无休无止的抱怨与郁闷。他们之所以还继续待在这个岗位上，不是因为对教育的热爱，而是对再就业或创业的各种恐慌。你若不想，不久的将来，也成为这样的怨夫怨妇，听老哥一句劝：慎入！如果刚刚入行不久，已经感觉到自己选择的失误，那么，赶紧换道，现在为时不晚，越早逃离越早解脱。离开相对舒适安逸的行业，在一个新领域新岗位打拼，一开始一定会有不适与压力，但是，我们所处的这个美好时代，最不会辜负的就是那些有梦想且愿意为梦想执着求索的人。我坚信，你只要坚持不懈，一定能收获到属于自己的成功甚至传奇。当然，你若因为坚持不下来，又怀念起当教师时的各种“好”来，进而产生犹豫甚至悔恨，错不在选择，在你，那个你已没有后悔资格的你。教师是一个清贫的职业，虽然旱涝保收，但是难以做到世俗意义上的大富大贵。教育的美好在于你对生命的影响与功德，以及在实现这份影响与功德的路上，你所做出的各种努力与尝试。这都需要你有足够的耐心、定力和爱心。否则注定是一场孽缘。

如果你想清楚了，还要继续留在这个队伍，我们再谈其他。

祝好！

2023 年 2 月 14 日

之二　无卓越之心　必行之不远

亲爱的同人：

上一封信，我先苦口婆心地劝那些入错行的或者正在犹豫、苦撑的人们退群而得解脱。

这不是为泼凉水而泼凉水，实在是因为“教育”不是——至少我认为不应该是——一个可以自欺欺人的事业，她一边承载着家长无条件无保留的信任，一边托举着孩子有底线无上限的未来，哪一边对不住，都是对生命和情感的辜负。这是生命中不能承受之轻和重。“千淘万漉虽辛苦，吹尽狂沙始到金。”我想，每一位过来人、把关人，都有义务有责任将真相和盘托出，这份真诚，是我们志同道合的基础。

如果你对教师这份事业所有的不尽如人意甚至风险都有了充分的认知和判断，还依然坚定地选择她并义无反顾地走下去，那么，我也可以很负责任地告诉你，这条平凡的道路上有足够广阔的空间和足够丰富的精彩，来诠释属于你的价值。因为我们所从事的，是一项无上荣光与伟大的事业。因为做一名足够优秀的老师，门槛可不低，需要集最高的智商、最高的情商、最高的政商、最高的财商、最高的美商、最高的逆商于一身，虽然这对任何一名教育工作者都不易，我也并不认为自己就足够优秀，但是我们应该怀有这样的高标和远方。

教师，无卓越之心必行之不远。这种“行之不远”无异于教育生命的终结。因为：逼仄的格局会让你陷入俗不可耐的市侩，封闭的认知会让你陷入自以为是的狂妄，无趣的谈吐会让你沦为眼里无光的傀儡，平庸的活法会让你陷入贻误苍生的罪恶……这绝非危言耸听，而是为人师者应有的清醒与警觉。

何为卓越之心？习近平总书记提出的“四有”好老师的四个标准为我们指明了方向、提供了遵循：有理想信念、有道德情操、有扎实学识、有仁爱之心。然而，《论语》云：“取乎其上，得乎其中；取乎其中，得乎其下；取乎其下，则无所得矣。”如果我们在每一个“有”上仅仅满足于“有”或者一般意义上的“有”，那么我们注定连成为好老师都够呛，换言之，我们坚持树立顶天立地的卓越之心，既是教育理性主义的必然，也是以卓越高标确保良好底线的刚需。

当然，“卓越之心”既不玄乎，更不邪乎。她就是“四有”的顶级版，只不过在具体层面上有着更加全面而极致的追求，比如：在给孩子做生涯规划时，你要具备政治家的素养；在给孩子做心理引导时，你得有谈判专家的机智；在给孩子批改作业时，你得有情报专家的洞察；在跟孩子畅叙人生时，你得有纵横家的通达；在给孩子做项目指导时，你得具备策划大师的远见……如此这般，一切所愿所求，皆是渠成水到。

唯愿教育的江湖多一束不灭的光。

2023 年 2 月 24 日

之三　好老师是才学识的统一

亲爱的同人：

上一封信，我们表达了对“干一行，务一行”的“卓越之心”的期待。这一封信，我们比较具体地聊一聊如何在成就卓越的道路上越走越远。

我们知道，唐代史学家刘知几在他的《史通》一书中提出，史学家应具史才、史学与史识。后来，史家三才广泛地被各类人文社会科学研究者奉为圭臬。到了清代，史学家章学诚在“三才”之外，还加上了一个“史德”。当我们对如何成为一名好老师无从下手的时候，此“史家三才”说或许不失为一种不无裨益的维度参考与路径范式。

中学教育虽然分为各个学科，有自然科学的数理化，也有人文科学的文史道，还有事关性情的艺体美，然而，“亲其师，信其道”，无论哪个学科，小朋友对这门学科的喜爱与用心程度，往往与对教这门学科的老师喜爱程度正向相关。每一位不忘初心、致力卓越的老师，都应该尽可能迅速而坚定地形成建设人格魅力的自觉。

我们都是从学生时代一路走来，接触过千姿百态的老师，那些老师们的风度风采，往往定格了我们青春最令人心潮澎湃的亮色。如果我们对这些老师进行一个大数据分析，好老师们又大多具备这样的共性，比如：对学生抱着深入骨髓的真诚，并以视如己出的姿态为学子深谋远虑；对专业有着成竹在胸的自信，并以深入浅出的技艺让学子心服口服；对教育怀着当仁不让的热忱，并以舍我其谁的笃定吸引学子心向往之；对新知有着海纳百川的雅量，并以与时俱进的活力鼓舞学子踔厉奋发；对人世怀着将心比心的理解，并以推己及人的同情熏陶学子的好生之德……

一言以蔽之，好老师必是才学识俱佳的人，至少在你当下所处的这个空间里，他就是那颗温暖、深情又光彩夺目的星。

实现才、学、识的统一非一朝一夕之功，也没有一蹴而就的速成之法。当然，好老师也不是天生的，我们允许有一个探索甚至试错的过程，只不过，我们要尽可能地保证自己不要偏离正确的航向。

基于对“史家三才”以及好老师共性的体认，本人不才，这里提“三修”以供教正：一是“修心”，修自己的真挚心、纯粹心，在待人接物中分寸有度，在保持教育清醒上始终如一，努力做一个风度翩翩、追求高尚的好老师；二是“修学”，修自己的学问、学养、学识，在追寻真理之光上健步如飞，在塑造治学标杆上不折不扣，争取做一个学问一流、格局远大的好老师；三是“修才”，修自己的通才、专才，在旁征博引中栩栩如生，在厚积薄发中深入掘进，坚持做一个生机勃勃、有趣有味的好教师。

凡此“三修”，余生共勉。

2023 年 3 月 2 日

之四　专业成长有底线无上限

亲爱的同人：

上一封信，我们提出“好老师是才学识的统一”，这实际上是在宏观上为谈论专业成长做了一点铺垫。老师是专业性和复合性的统一，今天我们就重点聚焦“专业成长”。

长期以来，我们对基础教育社会认识和自我认同都有点信心不足，一个重要原因是，我们距离小朋友用作品和成果独立于世的阶段还比较遥远，我们的付出很难在短期内实现价值变现。

然而，人生是一项长跑，要算总账、算大账，30 年后的成功绝不是从第 29 年开始谋划的，而是要从初中、小学甚至童年溯源。这个阶段，孩子最重要的两大成长参与者，一个是家长，一个就是我们老师。而老师最大的意义，就在于用自己的专业知识与专业素养去呵护孩子的好奇心，培养孩子的求知欲。每每在视频号上刷到创造性地使用学科知识，从而让学生收获特别的兴奋的老师，我就备受鼓舞，比如用化学原理绽放旋转花灯、用自制火箭推送“鸡蛋”卫星并安全返回……这些令人惊喜的专业创新，让我深深体会到专业的无穷趣味和魅力。而这，才是老师最该有的样子。

专业的惊喜根植于老师的专业成长和专业追求。专业成长是一个有底线无上限的事情。“有底线”，是指你不能对那些将要教给学生的知识认识不足、理解不透甚至记忆错误，这是职业教师该有的职业底线。“无上限”，是指你不拘泥于教材，把书本知识与广阔的生活和实践世界互联互通，让知识在创造性的应用中绽放出别样的面目与精彩，深度地刺激学生探索未知、攻坚克难、让梦想变成现实的兴趣与动能，这是卓越教师才有的高远追求。而后者，正是中国科技创新的希望所在。

形势逼人强！前阵子，ChatGPT 横空出世，它带给人类的不只是一场人工智能狂欢，更是对人类未来存在方式的预警。专家说，我们现在的教育是工业时代的产物，工业时代的教育不转变，未来孩子可能会输给机器！我非常赞同这种说法！但是，我们也要理性地认识到，这个转变不是一天两天能完成的，所以我们不能等，特别是我们广大的青年教师不能等，也等不起。因为我们身上背负的既是生命的品质，也是国家的未来。

至于如何让自己的专业成长始终保持在一个加速度、几何级、无上限的状态，在资讯无比畅达的当今时代，这样的技术和方法问题应该都是可以找到解决途径的，我更关心和能做的不过是在“意识”和“志向”层面，发出一声微弱的呼吁和提示罢了。能否起到作用，能起到多大的作用，非我一厢情愿所能及也。

我们的教育，以及我们将面对的教育人生，一定会有很多问题和挑战，然而，不管形势如何复杂，只要志在卓越的初心不改，一切皆有可能，时时都有机会。

做一个好得没上限的老师，真的很得劲！

2023 年 3 月 10 日

之五　教育温度源自爱的深诚

亲爱的同人：

上一封信，我们提出“专业成长有底线无上限”，勉励大家在专业追求上无止境、不设限，因为“自信源自实力”，认识越深刻，工作才越自由，因为“亲其师，信其道”，老师的探索精神是学生科研精神的先导。

不过，老师的专业水平再高、综合能力再强，如果不能以学生喜闻乐见的方式，你就算掌握了宇宙真理也没用啊。所以，我们在教育的过程中一定不能忽视情感与温度的作用。来深圳之前，我就听闻盐田教育有着深厚的“四度”传统，即有态度、有温度、有力度、有速度。这份教育本色应该成为我们盐田教师乃至全人类教师的标配。

其实，在教育上讲温度，由来已久，源远流长，孔子以降、苏格拉底以来的教育家们莫不是温度拿捏的高手。因为真正的教育家深知，“前面偏一尺，后面偏一丈”，成长与真理的前途应该也必须用最温暖的阳光照亮，在学生心中埋下一颗温暖的火种，可能比学到多少文化知识更为重要。

我们在“为什么”的层面达成共识是不难的，但这份强调本身还是有意义的，而且再怎么强调都不为过。当然，我们的侧重点应该放在“做什么”“怎么做”这样实践层面的探讨上。

观念不对，努力白费。教育上的一意孤行、自以为是尤其容易“差之毫厘，谬以千里”，越努力，那种对孩子成长的无形延宕甚至误导越离谱。回想一下，这些年来有多少人以爱的名义干了多少事与愿违的荒唐事，就能明白这其中的利害了。

我们对“温度”的理解不能偏狭。不能想当然地理解为，“温度”就是永远的和风细雨、永远的好好先生。和颜悦色的劝导是温度，醍醐灌顶的开示是温度，当头棒喝的训斥是温度，晴天霹雳的指责也是温度。到底启用哪款或哪几款温度，关键看对象和语境，孔子称之为“因材施教”，马克思称之为“一切从实际出发”；教育的智慧就在于，到底采取哪款或哪几款组合拳的决策时间要尽量控制在 0.01 秒以内。当然，大多数情况下，我们主要用的是和风细雨、和颜悦色，这符合大多数这个年龄段的心理运转规律。

教育的温度不是作秀，而是一种自然而然，否则就是一种虚伪。这自然而然的温度，根子上，来源于“爱”的深诚，爱教育事业，特别是爱你眼前的学生。视如己出甚至高于己出地爱学生，你就得为他谋划深远。除了安全感，更多的时间精力应该在成就感、获得感上下功夫。这种成就感、获得感，不是廉价的满足和感恩，而是那种二十年后再回首，也能让学生感叹一句“当年某某老师的某某言行真是有先见之明”的战略洞察。

未知然否?

2023 年 3 月 17 日

之六　人格魅力是核心竞争力

亲爱的同人：

上一封信，我们探讨了“教育温度”的话题。这个概念的上位概念其实是“教师的人格魅力”。我们说“亲其师，信其道”，这里的“亲”，一开始可能是因为我们在态度上的春风化雨，但久而久之，学生深度的亲近与敬重，一定源自我们更为深厚的人格魅力，尽管我们并不以学生的回报作为对学生好的前提。

人格魅力是教师的核心竞争力，但由于其包罗万象，内涵深、外延广，我们不大可能三言两语将其穷尽。事实上，它本来就是由多种素养、能力、修为调和而成的一种状态，也无须被肢解。这里，我们顶多择其要者，挑一些我们平时忽视或估计不足的维度加以探讨。

教师的人格魅力，其灵魂在教育的理想主义。很多时候，我们谈论教育理想主义，实在是一种奢侈，然而，假如我们完全以教育实用主义替代甚至否定教育理想主义，我们又会陷入庸俗和后劲不足，因为我们没有办法给予孩子高远的引领和激情的感染。而这样的引领与感染，孩子的梦想就无从谈起。孩子没有梦想，也就宣告了人类创造力的死刑。

教育的理想主义，天然地包含着对真理的执着和不妥协，与现实主义之间有着难以调和的对立，这就注定我们不可能在坚持理想主义的道路上太舒服和太顺利。古往今来，从孔子、苏格拉底、屈原、司马迁到布鲁诺、谭嗣同、孙中山、周恩来，这样的例子不胜枚举，他们为自己的理想主义经历了常人难以想象的苦难，做出了常人难以企及的牺牲。所以，要想成为一名散发着理想主义光芒的老师，就得具备一份特殊的骨气与定力。

教师人格魅力的另一重底色是教育浪漫主义。这要求我们得对世界和周遭充满好奇心和想象力，能自觉而情愿地将目之所及的纷繁万象巧妙地加工转换为教育素材。这种举手投足间的自然与生动，是教育该有的诗意。当然，这不是一般的功夫，更不是可以速成的能力，从工匠型人才那里是学不来的，需要大师的点化与熏陶。

在大师庶几灭绝的时代，零距离地与大师结缘成为一种稀缺，然而，这并不能作为我们懒于追慕高标的借口，因为我们追慕的高贤、所有人类历史上以大师之坐标存在过的人物，他们正平静却并非死亡地躺在那些人类文明成果之中，有四通八达的学习路径，至于能学到几成功力，看缘分，也看个人造化。但是，这份向大师学习气场、顿悟灵气的清醒、坚定与主动一定要有。

相对于教育理想主义所需要的铁骨铮铮，教育浪漫主义更侧重一颗有趣的灵魂，我们极力地呼吁孩子们要做一个有趣的灵魂，但我们自己却是一副行将就木的模样，那绝对既不理想，也不浪漫，而是一个笑话和讽刺。

遗憾的是，这却是我们习以为常的现实。唉，一声叹息！

2023 年 3 月 23 日

之七　深圳教师要有特区意识

亲爱的同人：

前面几封信，我们讨论了如何做一个合格的老师，或者说，成功的老师，这是教师这一特殊的社会角色必须回答的问题。然而，教师在成为教师之前，首先是个“人”，而且，对人之常情的理解与认同越深，对我们做好教书育人的工作越有益。这众多的人之常情中，最重要者，在于教师要幸福。

古往今来，东西方的智者们关于“为什么要幸福”“何为幸福”“如何实现幸福”等幸福元问题作过持续而丰富的探索，从老子、孔子、苏格拉底、释迦牟尼、托尔斯泰到王阳明、鲁迅等，沉淀了很多相关的金句，“度娘”一下，你就知道。这些关于幸福的智慧隽语，总结起来，主要的意见维度和立场倾向包括：一、渴望和追求幸福是人的本能；二、幸福就是对自己的生命状态满意；三、使时间充实是幸福的前提；四、实现幸福的两大主要方向是做好自己和善待他人。

“皮之不存，毛将焉附？”教师的幸福不能游离于人的幸福的基本框架之外，但确实会有其自身的特点和侧重。无论怎样，我们首先要学会与环境建立默契，与我们所在的城市共荣共生。

深圳是一个生机勃勃、充满希望的城市，但绝对不能说是一个完美得不行的城市。不过，无论出于什么原因，我们决定来到或是留在这座城市，一定是在那个当下所做出的最优选择。既来之，则安之；既安之，则为之；既为之，则顺势之。作为中国首个经济特区和中国特色社会主义先行示范区，深圳最大的城市底层逻辑和“势”，在于：唯有为者进，唯创新者强，唯创新有为者胜。

在深圳做老师，教育创新有为的空间很大、机会很多，与此同时，如果不树立坚定的特区意识，如果不能与“创新有为”的城市精神相契合，就注定会走向平庸。平庸是我们大多数人的常态与宿命，这大多数人中当然包括我自己。如果我们不是从事教育这个行业，平庸就平庸吧，躺平就躺平吧，可我们所从事的这个职业不允许。

那么，什么是“教育的特区意识”呢？这个问题有点大，迄今也还没有十分系统、深入的论见，这篇小文也不可能解决这样一个宏大的命题。不过，比起能思考到什么程度、谈论成什么样子，主不主动去想、敢不敢谈或许更为要紧。每一位深圳教育工作者，无论你当前的具体工作岗位是学科教学，还是班主任、行政管理，都有责任、有义务在自己所从事的领域去探寻具备全国先行示范的新境界。基础教育不同于高等教育，教育学也不同于自然科学，所以，我们所谓的探寻“新境界”，并不能也不需要狭隘地理解为从“无”到“有”的发明创造。只要我们的出发点和归宿是为了让孩子的潜力获得最大化的发现与发掘，我们就在探索新境界的路上。

而且，深圳这个特区的“特”别之处很多，比如特别的区位优势、特别的发展模式与发展速度、特别的人口构成、特别的城市精神，这一切一起构成了深圳特别的文化环境与文化语境，把教育跟任何一个维度加以深度的联通，都可以做成一个大课题，写出一篇大文章。在这点上，我有特别深切的体会。

2019 年来到深圳，我发现身边同行的进阶起点都是省级名师、名校长，大部分具有中学正高级职称或特级教师称号，教学质量优异，办学治校业绩突出，在区域具有社会影响力。而我虽然也有教育主张，但停留在感性经验层面，没有形成结构化、体系化的教育思想。有实践创新，但停留在关注学业、安全、检查、绩效层面，碎片化的经验多，拿来的方法多。有使命担当，但停留在区域内有知名度和社会影响力的范畴，积极投身高质量发展战略的生动实践不够。

如何跳出舒适区、高原区，突破成长的瓶颈，以“言为士则、行为世范”的“大先生”为标杆，努力在深圳教育成就一番事业，成为我亟待回答的重大课题。

很庆幸的是，在很多教育高人的引领下，我也试着给自己做了一些高起点定制个性化培养的发展规划。比如找准深圳名校长培养的目标定位，对标“信仰至坚、思想至高、育人至善、学养至深、创新至臻”五个维度的画像定位，制订自己的成长目标。当然更要把握遵循名校长成长的内在规律，注重激发自己的内在动机、启迪凝练思想，夯实发展平台、注重个性引导，争取资源支持、营造成长的有利环境。

有专家学者认为，教育家是“长”出来的，是“冒”出来的，反映了教育家成长的职业自觉和自身成就的内在特征，名教师亦是如此。培养提供“温暖的气候”“肥沃的土壤”，是名校长名教师的“长”、“大先生”的“冒”，进而百花齐放、争相竞艳，奋勇争先、人才辈出的外部环境和条件自然形成。我和大家一样，将努力提炼展示自己的精神标识和思想精髓，与好书为伴，和高人对话，在行中悟道，持续增强传播力，扩大影响力，加快构建专属的话语和叙事体系，展现可亲可爱可敬的个人形象。

愿我们不虚度、有定力、敢超越，做一个幸福的深圳教师！

2023 年 6 月 2 日

之八　关系学是教育人的必修课

亲爱的同人：

上一封信，我们从宏观上探讨了如何与城市、与大环境建立起一种深度默契与良性互动，以保证我们在结构上夯实职业幸福的根基。不过，在同样的大环境下当老师的人那么多，每个人的职业幸福认同感却相差很大，根子上，还得从微观上、从教育日常中找原因。

再漫长的职业生涯，也是由分分秒秒构成的，而任何一个分分秒秒又自然地与一组组关系相叠加，构成一部教育的交响曲。长期以来，人们（这里特别要指出的是那些未走出象牙塔惯性的青年教师）对“搞关系”一直不屑一顾甚至嗤之以鼻，以为这是潜规则的衍生品，有违社会公平正义。显然，这是一种不可取的书生意气在作祟。

教育学是人学，而人学的本质是关系学。教育是建立在关系上的影响力，美好的教育首先要有美好的关系。需要明确的是，这里聚焦的一个关键词“关系”，指的是一种平等互助、共建共享教育关系，包括师生的关系、家校的关系、教书与育人的关系、课堂教学与大政方针的关系、言传身教与文明传承的关系等等，指向的是人与空间的疏离关系、人与人的焦虑关系、人与自己的对抗关系，然后要努力去创造关系、维系关系、升华关系。美好教育从美好关系开始，帮助学生构建人与空间的归属关系、人与人的信任关系、人与自己的和解关系，才是学生成为美好的人的基础和前提。

当今教育场，经常会引发对校园环境、亲子及师生关系、学生心理疾病等教育问题背后的思考：为什么认为中小学教育关系最重要？当孩子与老师之间没有安全感，当老师与孩子之间存在对抗，这种教育其实在消耗孩子们的内在，因为孩子们的心不定，“心不定，故见理不得”。内在拥有，外在成为，所以，只有双向奔赴的教育“关系”，才能彼此成为。几千年前，古希腊奥林匹斯山上的德尔斐神殿里有一块石碑，上面写着“认识你自己”。苏格拉底认为，所有智慧和理解力的根源都包含在这句话中。所以，人也要处理好与自己的内在关系。我们的孩子目前出现的各种各样的教育问题，其实都是关系出了问题，当关系这个前提有问题时，教育的其他努力效果都会大打折扣。

处理好这些关系，没有高维认知和大格局是不行的，不懂人情世故也是不行的。不过，一味地圆滑世故，甚至走火入魔，滑向以牺牲人格独立与教育操守为代价去取悦权力、换取机会或沽名钓誉、灵魂仆地地“搞关系”，那就有违教育初心了，而且势必也会得不偿失。

经营好教育的关系学，需要各种智慧与术的武装。前人关于这方面的经验沉淀其实已经汗牛充栋，然而在我看来，最重要的不过是个“玩”字，你得会玩儿。当然，这里的“玩”，不是玩世不恭的“玩”，而是一种基于主动开朗的性格、舍我其谁的自信、融会贯通的灵气、驾轻就熟的练达的教育状态。基础教育阶段，通才型老师往往比专才型老师更受学生欢迎，大概率正是因为其更会玩一点。

会“玩”，是一个无上限有底线的事情。一所好学校，应该是好玩的学校。这里有好玩的老师和校长，有好玩的课程和课堂，有可以让学生撒欢儿的空间和时间。当教育告别冰冷的建筑、刻板的流程、生硬的训诫，当校园生活变得生动、柔软、温暖、有趣，孩子们就会内心饱满，眼神明亮，心间有底气，行动有力量，能够坦然面对风雨，勇于求索追梦。

当然，我们不可能要求每一位老师都人见人爱、花见花开，但是我们至少要具备一种纯正的底色，那便是真诚。如果没有真诚，再会玩也不过是花里胡哨的炫技，如果足够真诚，再憨厚朴质的傻笑也可以具有触动心灵的力量。

“真诚”是教育艺术的压舱石和“核”动力，但教育关系中的“真诚”和一般社会人际交往中“真诚”美德还是有所不同的，因为教育真诚天然地要求我们得对知识、传授知识以及用思想影响生命这项事业保持谦卑、敬畏和热情。当你以探索真知而非照本宣科、兢兢业业而非浑浑噩噩、联系生活而非脱离实际、拥抱世界而非故步自封的精神状态，面对学生、家长和同事，他们自然会对你致以敬重。唯有敬重，才可能产生深度的信任，唯有信任，才可能构建起真正良性的教育关系。

天下武功唯快不破，天下关系唯诚不摧！

2023 年 6 月 5 日

之九　教育的民主与民主的教育

亲爱的同人：

这一封信，我们来谈谈教育与民主的话题。不过，我这里谈论的不是政策层面的、宏观上的“教育的民主”的问题，而是教师面对时代、面对教育、面对学生的姿态问题，或者说“民主的教育”的问题。

只要在一线做过老师，无论是刚入行的“小鲜肉”，还是像我这样摸爬滚打多年的“老油条”，我们对于教育都会有一份割舍不下的情怀，或者说情结。这种情结会让我们情愿不自觉地以教育主人翁的当仁不让姿态来审视和臧否教育。这本身没什么不好，但存在着我们一个容易忽视的风险，那便是，我们的眼光和心境很可能会陷入某种逼仄与偏狭，甚至狂妄。

要知道，学生在成为学生之前，首先是一个独立的生命个体，我们之所以有这样一段师生的缘分，主要是基于社会选择而非自然选择的结果；换言之，如果让学生有自主选择的权利，我们中的很多人（包括我自己）都可能没有作为教师存在的必要。而且，在科技迭代更加频繁的历史语境下，我们运用科技手段获取资讯和提升的本领的技能不见得会比学生更厉害，这时，如果不保持一颗对新知和真理的谦卑之心，很难想象，我们如何能成为学生经得起时间审视的朋友。

“学生是会离开的，也是会长大的。”这看似一句正确的废话，其实是条朴素的真理，至少应该成为我们思考教育意义、选择教育姿态的一个大前提。因为，学生离开校园、没有了顾虑也无须迎合谁之后，对当年的校园生活的回忆与感悟，才是对我们的教育更有意义的称量。所以，我们要尽力做到“知识上的诚实”，并注重倾听学生的声音，给学生表达与辩论的机会和空间，甚至允许学生成为在知识上敢于叫板老师的对手。唯其如此，方可教学相长，方可流水不腐。

教育学上对老师的类型有专制型和民主型的二元论，事实上，任何一个孩子的教育都不可能仅有绝对的民主或是绝对的专制，我们也很难找出一个绝对专制型或绝对民主型的老师，因为再刚直的老师也有一颗柔软的心，再宽容的老师也有其不可触碰的底线和原则，关键是把握好“时机”和“度”的分寸。所以，我们这里谈论的民主的教育，与其说是一种处理问题的技术，不如说是一种启迪滋养的艺术。

民主的教育，本质上是“以学生为中心”的教育观，只不过，我们将民主的重心和焦点放在了如何让学生最充分地成长上，这里的充分，既包括“面”上的无限可能，也包括“质”上的深度掘进，这需要老师有洞察幽微的慧眼，还得有高瞻远瞩的韬略，有让学生亲师重道的魅力，还得有以学生为师的雅量……

唯民主之火，可让教育之光永生不灭！生生不息！

2023 年 6 月 12 日

之十　教书育人并非人生全部

亲爱的同人：

感谢你的耐心。虽然我主观上非常真诚地期望与大家做一次比较严肃而有质量的分享，但回过头来看这些冗长的文字，其实真知灼见很少，絮絮叨叨更多。还好，我们的文化中有一个尊老爱幼的传统，你们或许并不赞同我的拙见，但也会体谅我的初衷。

就像珍惜其他与大家交流的机会一样，对于这最后一封信到底聊点什么，我也经过了一番慎重的思量。想来想去，我还是从儒家回到了道家，希望大家不要执念于“舍我其谁”“明知不可为而为之”的教育英雄主义，而是以一种“道法自然”“尽人事，听天命”的心态来看待我们所钟爱的教育和教育事业。因为，教书育人不是也不应该是教师人生的全部。

我这样说，当然不是鼓励大家“躺平”“不作为”，恰恰是基于教育的特殊性，希望大家在其他应该和可以让自己获得幸福加持的领域也不要无动于衷或轻言放弃。“生活不止眼前的苟且，还有诗和远方的田野。”比如，经营好家庭，多读点闲书，呵护好未必高端但至少健康的兴趣爱好，广泛深入地亲近这个神奇美妙的大千世界，等等。我们知道，人是万物之灵，不应该过着一种单靠小脑平衡移动身体的单调生活，而应有自己的诗和远方。毕竟智力无所用地活着，是会让人发疯的，就像汤里没放盐，虽然可以勉强喝下去，但是滋味全无；毕竟所谓苟且，并不是生活艰难得吃不饱穿不暖，而是我们为了温饱和安全的愿景，而自愿过着一种一成不变的生活，安于一眼可及的未来。这样的生活，强烈地侮辱着我们的智慧。所以还是要努力让自己成为有趣的人，最重要的事情，是要找个兴趣来碾压自己的智慧。

只要有一件无关紧要的小事，能让你不顾功利地沉迷进去，你就有可能成为一个有趣的、诗意的人。比如可以做木工，可以去拍昆虫，可以玩烹调，可以练书法，可以为了喝到一杯好茶，把整条茶马古道徒步走上一遍。这些事情，不需要辞职旅行，不需要等你辛苦存到一千万，只要心里长了草，马上就可开始去做。

有趣才有诗意，眼界就是远方。唯其如此，我们的生活才可以不再苟且下去；唯其如此，我们才能让心灵适当地放空，才可能以更加宽容而睿智的状态去看待学生，跟学生建立起更加知性而有品质的理解。个人魅力是教师的核心竞争力，其实，对学生的深度理解力与引领力更是。

除了不错失生活中无尽的美好，我们主张不把教书当成人生的全部，还要为发现与发掘生命中无尽的可能争取空间。我不敢说自己是一个十分有趣的人，但至少我是一个爱好广泛的人，旅行、阅读、写作、书法、音乐……似乎没怎么在乎投资回报，也都只是业余爱好。只是每玩一样，都恨不得倾尽全力，努力玩到己所能及的极致，这样的玩法会很快乐。它让我在独处时，内心可以是丰富充盈的，不需要刷存在感，不需要呼朋唤友酒池肉林，因为那些烧脑的爱好，已经足够塞满所有的思考空间了。比如我偶然间涂抹的一些零碎杂感文字，也许不太成熟，只是一些琐碎生活的记录有感而发而已，但我相信，用很多的耐心、真诚和微笑，去静待花开，有着非常重要的人生意义。然后你会发现，那些所谓的写作技巧问题，都是小问题，只要你坚持记录，这些都能轻易解决——其实，所谓“天分”，就是燃烧所有热爱和智慧的过程。

回到前面的话题，尽管我们很多人在教师的岗位上干了一辈子，也干得很好，但并不意味着，最适合他的就是教书，或者说，在整个不可逆的生命过程中他唯一能干好的就是教书。当然，我不是鼓励老师们端着一份相对稳定的工作，然后利用相关的便利去做生意，虽然这种情况确实存在并且用制度约束难以杜绝。“薅社会主义羊毛”的事情怎么看都不敞亮，更毋庸说更为严重的违规甚至职务犯罪。

我想说的是，如果在这个教书的过程中，你渐渐发现并基于成人理性的笃定，自己其实更适合和更希望去实验室实现自己的科学理想，或是在官场中去实现兼济苍生的抱负，或是去市场中实现自己的价值，抑或是在艺术中遇见更加不可思议的自己，那么，“诗酒趁年华！”趁着年轻，或者说即便不年轻只要条件允许，就勇敢地去追梦、去驰骋、去闯荡吧！不用去顾虑教师下海成不了马云、俞敏洪、严介和、钟慧娟……怎么办，甚至不用担心输得精光怎么办，因为到那个阶段，灵魂经过了理想主义的锻打，你已然就是自己的光。

这不是在留人形势严峻的当下把教育人才往外推，而是希望教育拥有更多经过深度省视的灵魂。正如学生在成为学生之前首先是一个人，教师在成为教师之前也首先是一个人。对“人”的回归与尊重，才是教育基业常青的根本，这份珍重里，当然包括教师的自重。

好好爱自己，是我对所有教育人深情的祝愿！

2023 年 6 月 14 日

教育不是闭门造车，

我们的人才最终是要到广阔的天地接受检验。

不能说基础教育的缺失，

在后面的人生阶段就一定没有机会弥补，

只是，在孩子们最需要光照和雨露滋养的年纪，

我们没有理由对他们的迫切需求视而不见，

对教育人的使命担当得过且过。

他山之石，可以攻玉，

拥抱大世界之前是看见大世界。

第二辑

开放办学

看见广阔的世界

——“校长带你听讲座”精彩回顾

停课不停学，停课不停教。在不得不以线上教学为主的日子里，盐外以“校长带你听讲座”的方式把孩子们心中的榜样请进来，通过他们的奋斗故事和真知灼见，看见更广阔的世界，重新审视和思考自己的青春和未来。以下是各期节目的精彩剪辑。

一、世界冠军陈佩娜[1]和她的帆板梦

谢学宁 很荣幸，今天我们请到了从盐田走出来的世界冠军、2022 年冬奥会火炬手陈佩娜，她将给我们带来一个女性征服海洋的故事。首先请看 VCR。

陈佩娜 大家好，我是帆板运动员陈佩娜。今天很荣幸受谢校长的邀请，跟大家分享自己的成长经历，也很感谢大家能够在这么繁重

1 陈佩娜，女，1989 年生，广东汕头人，深圳大学师范学院运动训练专业毕业生，中国帆板运动员，2017 年帆板世锦赛冠军，2022 年北京冬奥会火炬手。

的学业当中来听我的分享。到2020年，我与大海已经相伴20年，11岁那一年，我懵懵懂懂地成为一名帆板运动员。在这20年里，我很幸运地站上了所有帆板比赛的领奖台，包括运动员的终极梦想——奥运会。在这20年的运动生涯中，我经历了伤病带来的辛酸，同时也有夺冠后的欣慰。刚刚经历的2020年对全世界来说，都是不平凡的一年。这一年国际比赛全面暂停。在此，与大家分享今年的一个重要决定，我将正式成为一名退役运动员。这既是一段难忘的人生征程的结束，也是下一段人生全新体验的开始。探寻全新的未知之境，我仍将心怀对未知的强烈兴趣，去拥抱未来。

谢学宁 佩娜你好，这几天我在整理你的有关资料的时候，有一个问题很好奇，可能这也是大家的一个共同关注点。有人说游艇是土豪的玩物，帆板是男人的运动。作为一名女生，当初你为什么会选择这一条勇敢但是孤独的道路？在这条道路上，你最大的收获是什么？

陈佩娜 首先，我不太同意“帆板是男人的运动”这一个说法。其实在全世界，包括在中国，都有非常多的女性从事帆板运动，我自己是机缘巧合结识到了这项运动。2000年，深圳队组建的时候，我正巧从汕头来到咱深圳盐田的田东中学上学，在大梅沙训练被教练看重推荐进了深圳队，开始了我的运动生涯。在这个过程中，我收获最多的是荣辱不惊和能够用更多元的思维去看待问题。我自己的运动生涯其实也是跌宕起伏的。我也曾有过很多失利，例如北京和伦敦奥运会，我最后都没上场，但到了后面获得了世锦赛冠军和奥运会银牌，我在那一刻都是能够很深刻地感受到外界对自己内心的影响，让我学会用多元的思维看待暂时的成败，在面对荣辱时有一个更稳定的心态。

谢学宁 谢谢佩娜的分享，下面通过一个幻灯片更直观地感受佩娜一路走来的风采，然后我们请她更详尽地说说自己追梦逐梦的心路历程。

陈佩娜　我今天分享的主题是《帆板梦想和自己》。我 2002 年离开田东中学去了广东帆板队，2005 年去了国家队，直到我退役。这期间，我曾经参加了国内外许多的比赛。在我青少年时期，我曾经蝉联了 4 年的全国锦标赛冠军，这也为我后来的运动生涯奠定了强有力的自信心。之后，我还获得过全运会、亚运会和世锦赛等这些大赛的冠军。

我对中学时期有一些非常深刻的印象。我在田东中学读书的时候，因为要兼顾训练跟学习，我们每天早晨大概 6:00 要起床，做完体能训练和吃完早饭再坐公交车到沙头角来上学。下课之后再从沙头角坐公交车回到大梅沙，紧接着就赶紧换好下水的衣服，搬器材去进行海上训练。虽然这个过程比较辛苦，但也培养了我为了目标执着付出的意志品质。

14 岁那年，我获得了人生第一块全国锦标赛的奖牌，它极大地鼓舞了我继续努力。2005 年，我参加了运动生涯的第一届全运会，获得了一枚宝贵的银牌，正因为这枚银牌，我有了直接到国家队备战 2008 年北京奥运会的资格。从国家队开始，似乎一路都很顺利，每个节点都会有不少的新惊喜。追逐我的奥林匹克梦，其实是在来到国家队备战奥运会才正式开启的。大家刚刚也在 PPT 上有看到，我每隔一年或者两年，就要面对一个重大的运动会，这意味着我几乎每年都有一个重要比赛，这些比赛是相互交叉的。

为了备赛，我需要做大量的方法训练。方法训练不只是海上训练，还有有氧训练、力量训练、核心训练，以及高强度的教学性训练。在所有的训练里，我最喜欢自行车训练，室外的自行车训练。所有这些体能训练是我们想要成为一名高水平帆板运动员的基础。这跟我们上学的道理相通，考试不仅是考知识，还要考综合素养和能力。我之所以特别喜欢自行车训练，是因为我们在国外训练的时候，训练前也会先定一个小目标。例如，今天我要挑战去骑哪一座山，虽然在骑的过程会很累，但是当我们站到山上往下看的时候，有一种“一览众山小”的快感，你一下子就会觉得训练过程中的苦和累是值得的。我们要学会在训练中给自己快乐。

因为专业的特殊性，我们在训练中也会有一些比较惊险的经历。有一次，在西班牙的一个小岛上训练时，我遇上了鲨鱼。其实上岛前，我西班牙的朋友就告诉我说，“在这里训练要稍微注意一下，因为这个海域有时候有大鲨鱼来，生完小鲨鱼，它再将它们带到大海去”，当时我没太在意。我第一天下海，就撞上了小鲨鱼，突然间飞出去的时候一下子就懵了。大家可以想象，就是你骑一个摩托车，然后前面突然有个坎，把你给拦住，你的车在后面人已经到前面了。当我爬回我的板上，我还没有意识到我是撞上小鲨鱼了，在我准备把我掉在水里的帽子戴上头的那一瞬间，一条鱼飞快地从我的板底冲出去了。我瞬间反应过来说，“好像是条小小鲨鱼”，然后我当时第一反应是，还好，好像鲨鱼的妈妈不在周边。其实不仅是遇到过小鲨鱼，我还遇到过鲸鱼、海豚。虽然有点小惊险，但主要还是觉得有趣。

好玩和有趣的事情之外，在我自己的成长经历过程中，也遇到过很多的困难，或者是一些比较艰难的选择。例如，我在备战仁川亚运会的时候，就因为伤病问题要做出是放弃参加仁川亚运会的资格去治疗，为里约奥运会的参赛资格做准备，还是抓住眼前的机会先参加完亚运会再说。医生的意见是，如果我坚持参赛，这个伤病的恶化可能无法康复。进退两难之际，我选择了先冷静下来分析。我问自己：除了眼前触手可及的荣誉，我成为一名专业运动员时最初的梦想是什么？错失北京和伦敦奥运会，为什么我仍然坚持继续训练？我最终选择坚持初心：圆梦奥运。虽然我在2014年放弃了参加仁川亚运会的资格，但在4年后的雅加达亚运会，我如愿以偿地实现了亚运会金牌梦。康复治疗期间，除了治疗和每天的基础体能训练，我有了大量的时间，我用这个时间去梳理自己过去14年的运动生涯。这一次梳理帮助我开始明白，冥冥之中自有安排，当下发生的看似是挫折，讲不定在未来会带给我什么样的改变，跟随自己的内心，做好每一个当下需要做的事情就好。2015年复出后，我获得了人生中第一个世锦赛冠军，也是帆板历史上在奥运会项目的第一个世锦赛冠军，我才真正算是进入了世界顶尖帆板选手行列。其实我在追逐奥林匹克梦的过程是一个艰难，但是充满了收获的这样一个经历。正如我开头讲的，我实际上很早就开始出成绩，也赢得了不少比赛，但因2008年太过年轻，到2012年的各种不利因素的发生，我都在满怀希望中失望而归。在这个过程中，我很多次产生了放弃的念头，但最终我都选择了继续坚持。

我还是一个很喜欢自我对话的人，自我对话的过程也是一种自我反思的过程。奥运会选拔期间，我问自己，排除掉外界的种种因素，我的自身能力还有什么缺乏？如果有，是不是我还不足够优秀？那一刻我内心的答案是肯定的，我确实是还不够优秀。尽管我有很突出的中小风天的竞技能力，比赛的战术策略，在世界上都是有突出的比较优势，但是，在中风天、中大风天的技术和力量，是我的劣势。我开始把注意力从外界因素转向内部因素，这一转变在很大程度上帮助我后来有了一个更稳定的比赛心理状态。因为关注内部因素是可操作的，关注外部因素是不可控的，人的焦虑来源是对不确定性和未知的恐惧。当我意识到了自身主要存在的不足后，我将自己大部分的时间都用在如何提高自身的能力、制订有针对性的计划上，不仅要优化劣势，更要强化优势。为了能够解决自己的技术问题，我曾一个人带着500公斤的器材，从广州出发到西班牙的塔瑞法岛训练。一路的搬运其实很艰辛，但因为自己有很强的目标动力，那一刻我全然没有感受到任何的辛苦和艰辛，这些词汇从来都没有在我的脑海飘过。所以，看似远大的梦想，都是从生活的点滴堆积而成的。无论是一小步还是一大步，都是人生有价值的一步，结果重要，但经历更重要。

谢学宁 为了准备这一次讲座，佩娜实际上花费了很多时间和精力，因为时间关系她不能够充分展开。在佩娜和我们分享的时候，我们的观众通过平台，给我们发来了很多想和佩娜交流的问题。工作人员已经把问题汇总发到我这边来了，因为问题很多，我只能从比较有代表性的角度，挑几个，和佩娜在线互动一下，可以吗？

陈佩娜 当然可以，您请讲。

谢学宁 这个问题应该是一位家长提出来的。他说，许多同学也心怀理想、志存高远，但是一接触到现实生活，往往不能够坚持而自暴自弃，您对这样的同学有没有一些好的建议？

陈佩娜 理想是一个人的信念，对未来美好的想象，也是让我们当下能够努力去奋斗的动力源泉，所以人有理想是一个很好的事情。但是，当我们有了理想之后，最重要的还是要学会管理自己的目标，要学会如何一步步地去实现自己的理想。例如，同学们心目中可能都有理想的大学，理想的大学它的要求标准是什么？我在要去考这个大学之前，我在高中的时候需要做一些什么样的准备，我在初中的时候又需要做哪一些准备，我们有了这种不同阶段宏观的目标之后，再将它分解成若干小目标，围绕这些目标再理性地梳理哪些是自己擅长的，哪些是自己需要去弥补的。当目标一步步这样分解下来后，我们需要做的可能也就是我刚刚跟大家分享的，要关注当下，将自己每天需要做的事情做好，一点点积累，这个里面有两个非常重要的点，一个是耐心，一点是坚持。在坚持努力了很长一段时间还看不见成果的时候，我们还需要自信，相信自己的努力和计划，总有一天会有成果的。

二、中国医学的现代魅力

谢学宁 人们常说建筑是凝固的音乐，城市是一本石头的书，实际上任何一种由人类心智创造出来的产品，都是某一种思维方式的物化，是思想的雕塑。作为中国传统文化的产物，针灸疗法就形象生动地体现了作为代表中国传统文化的儒道两家的思想，堪称中国传统文化的真正象征。今天我们有幸请到了中国中医科学院国际处专家刘朝晖[2]教授。

刘朝晖 我今天主要从三个方面与大家做个分享：一是中医药在抗击新冠疫情方面的作用；二是中医针灸的机理常识和实用技巧；三是中医国际教学与实践的案例。

大家知道，2020年（庚子年）年初新冠病毒肺炎肆虐，这个病毒就是这个样子，像戴了一顶皇冠一样，四面八方都长了很多刺突。我第一次知道具有冠状病毒特点的疫苗研究，大概在1994年，当时我为一位来自美国杜克大学艾滋病疫苗专家做现场翻译，但给我印象最深的是，艾滋病疫苗研究出来，病毒就变异了，疫苗就没有用了。艾滋病毒有30个刺突，然后SARS病毒有69个，新冠病毒有66个，艾滋病毒到现在研究了已经40年了，仍然没有针对性的疫苗，SARS也没

2 刘朝晖，中国中医科学院针灸研究所主任医生兼教授，在中医针灸临床和国际教学以及科研一线工作了30余年，是一名把中医药科学技术和文化推向世界的使者。

有。现在新冠病毒到了奥密克戎，我们的疫苗虽然能够预防重症，但是不能预防传播，所以现在我们大面积感染奥密克戎，怎么办？靠针灸，靠人体的正气。中医讲，“正气存内，邪不可干”。针灸经络腧穴来调理我们五脏六腑的功能变化，首先达到镇痛的目的，任何病基本上都有疼痛，然后调节炎症和内分泌，提高我们人体整体的免疫力和抵抗力。

那什么是针灸？针灸是针刺和艾灸的合称。针灸学是一门以中医理论为指导，运用针刺和艾灸等手段来预防和治疗疾病的临床学科，包括经络学、腧穴学、针灸方法、临床辨证论治等等。所谓经络，是经脉和络脉的总称，人体的经络系统有十二经脉，有奇经八脉和十五络脉。经脉就像我们的主干道，相当于黄河长江，而络脉就是各个细小的分支，甚至是微循环末梢的这些分支一层一层往下走。经络的功能在于内连脏腑和沟通表里，让脏腑组织和五官五窍等构成一个有机的整体，所以，人体的任何一个部位出了问题，都可以通过经络上的腧穴来扎针调理。比如心脏有问题，摸不着也够不着，我们就用心经上的腧穴来进行针刺。经络的作用是气血平衡、阴阳防御、抗御病邪、保卫机体、传导感应、调整虚实。《黄帝内经 · 灵枢经》就说到十二经脉，说到人的生老病死，都取决于经脉的气血是否正常。人生病肯定是经络先生病，要治病也要靠它来治，然后也是通过我们的技术可以使疾病得到救治。我们的经脉就是 12 个经脉，有 6 条阴经 6 条阳经。6 条阴经最重要，对应“六脏”，即心、肝、脾、肺、肾，再加一个心包，6 条阳经对应“六腑”，即胃、大肠、小肠、膀胱、三焦、胆。另外，还有奇经八脉和 15 条络脉，它们一起构成人体这台机器，这里不展开。

穴位，顾名思义就是动、穴、坑、凹陷、线下这个概念，和腧穴是一个意思。气血深聚于经脉的就是我们的穴位，我们的气血在经脉上面，然后有一些凹陷陷在肌肉里面，骨头缝里，还有那些动脉静脉之间的空隙里面，这个就是穴位。然后我们人体的 12 经脉上有 365 个腧穴，因为是经脉上的穴，所以我们叫经穴。如果懂得了这些穴位，大概懂了 50 个以上就能够治疗很多疾病了。

中医学上有个“针灸广谱效应”，说的是一个穴位能够调节很多个脏腑、治疗多种疾病。举一个特别有效的例子：冬奥会之前，我儿子晚上 8:00 开始高烧 39.9℃，满脸通红，虽然他打了三针疫苗，他还是觉得自己得了新冠肺炎。他要去医院，我当时就想，如果他得了新冠发这么高的高烧，我们全家人肯定都得了，还不如在家给他治，如果体温不降，再去医院。几针下去，不到半小时，他的体温就降了 0.5℃，没有服任何中药西药和退烧药，纯粹的针灸治疗。第二天我去上班了，下午 5 点我给他打电话，不到 24 小时，他的体温就降到了 36.5℃，完全正常，而且没有反弹，因为发高烧比较疲倦，给他用稀粥调养了三天以后就活蹦乱跳了。

1993 年，我大学毕业刚三年，一名中年女性车祸导致脑部严重外伤，当时心电监护仪显示心率 130—160 次 / 分，正常人心率都是 70—80 次 / 分，她等于发高烧的心率，实际上是一种心衰的表现。后来，我给她扎了大约 9 根针，头上 5 根扎百会四神聪，左右手的合谷穴各 1 根，左右脚的足三里穴各 1 根。神奇的事情发生了，她的心率立刻就开始往下降了，从 160 次 / 分降到 150 次 / 分，130 次 / 分，120 次 / 分，第二天我接着给她再针灸，有时会反复一点，比如说 123，当然再没有 160 次 / 分那么高了，然后就又降，我连续给她扎了 10 天，最后降到了 80 次 / 分，然后她苏醒过来了，而且大脑功能全部正常，所有的事情都能回忆起来。现在她都快 70 岁了，依然健在，已经是 29 年前的事情了。

除了广谱效应，针灸学上还有个“条条道路通罗马”的说法，讲的是多个穴位可以作用于一个脏器。就是我们有时候去看中医，就说你这个医生怎么开了这个药方，那个医生开的是那个药方，这个医生用的是这个穴，那个医生用的是那个穴，所以我要说的是，如果一个脏器生病了，那么通过五行生克相关系，它是跟肺、脾、肾、肝、胆这些都是相关的，通过经络联系在一起，所以我们去看病，一定要找一个医生，千万不要病急乱投医，因为每个大夫的路径不一样，所以我们就说你就找一个大夫，如果治了两个星期都还不好，你再换大夫，因为他要走一条道，因为你今天走的这条道，明天大夫给你从另外一条道走了，这样子就不行。

针灸治疗的第三个特点是，穴位具有双向调节性。西药降血压一下降得太低，低血压了，注射胰岛素降血糖，降成低血糖了。针灸你怎么扎也不会到那个地步，扎到休克的地步，比如说足三里最常见的既可以升血糖，也可以降血糖，而百会既可以安眠，也可以让人清醒。而这个合谷加太冲，既能升血压也能降血压，就看你这个手法运动，而且降到一定程度它也就不降了，而低血压的人一扎他的血压就升上来。

这天枢也是这既可以治疗腹泻，也可以治疗便秘，大家可以收藏一下。我的一个学生马丁，来自丹麦，男性，19 岁，患有一型糖尿病，就是终身都要打胰岛素，别了一个 24 小时血糖监控仪，通过 iWatch 和 iPhone 都能看到他的血糖。他在我们这其实就实习两周，他听说我是搞糖尿病研究的，没有什么病人的时候就我帮他看看，他第一次治疗血糖是 12.5 毫摩尔 / 升，针灸了半个小时立刻就降到了十点几毫摩尔每升，两周治疗以后，降到了 6.9 毫摩尔 / 升，而且那这段时间没有用胰岛素。而且它是有双向调节，它就降到六点几，也就不再降了，也没降到五点几、三点几。马丁和他夫人非常感动，抱头痛哭，因为按照此前他自己的方法，把 12.5 毫摩尔 / 升的血糖降 2 个毫摩尔每升，他要运动两个小时，而且累得要命。

我给大家再分享一个关于艾灸的故事。1995年，我去瑞典南部城市马尔默的隆德大学访学。这个学校有位生物学教授叫安德森教授，形体比较肥胖，走几步就要坐下来，然后没劲儿，然后气喘不已。当时我就给他做了全面的检查，看到他颈椎左边有一大块黄斑，我就说，“你的左肾有问题”，然后他非常吃惊，他说他的左肾做过手术，有个囊肿被切掉了，所以左肾是有问题。我跟他解释说，肾为气之根，肺主气，肾纳气，如果肾气不足，呼吸就比较表浅，吸不进去气，所以就老是气喘吁吁的。然后我对他的肾腧、腰部全面地艾灸了几次，他觉得身轻如燕，健步如飞，气喘病总共艾灸了三四次就好了。后来有一次他邀请我去他们家做客，我看到他年轻时候的照片非常像《飘》里的克拉克·盖博，我就说，安德森教授你怎么那么像克拉克·盖博呀。他说，对，《飘》是gone with the wind，他要gone with a mouse，这个案例显示了艾灸的神奇效果。

谢学宁 *弘扬中华民族优秀文化，特别是传统文化进校园，您有哪些好的意见和建议。*

刘朝晖 让现代小孩接受传统文化的熏陶，一定不能硬来，要虚实结合，既要注重氛围和潜移默化，又要注重孩子的实际体验感，实践中才是血和肉。以中医为例，很多养生和健康的理念，可以借助经典阅读通过润物细无声的渗透。比如说中医圣经《黄帝内经》，不仅是医书，还充满了中国古人的智慧，虽然是古代有识之士的必读书，但是你要强行让孩子读，他的第一反应很可能是，医书不用读。这时如果换一种思路，在《红楼梦》的阅读教学中拓展开去，从中医养生知识出发，再联系当下生活，讲不定就没有那么枯燥。过几天刚好是春分时节，这个季节怎么养生？我们老祖宗就告诉我们了，叫春三月，此谓发陈，天地俱生，万物以荣，夜卧早起，广步于庭，被发缓形，以使志生，生而勿杀，予而勿夺，赏而勿罚。此春气之应，养生之道，逆之则伤肝，夏为寒变，春长者少。他们告诉我们什么？这不仅是告诉我们学生，也告诉我们的老师，春天就是要让万物生发出来，因为我们捂了一个冬天，它要发散出来，所以我们要早点起床，然后披发缓行，把头发解散，实际上就是让自己放松。因为古代人头发是扎起来的，所以不管男女都要把它放松，然后广布于庭，在庭院散步，这样能干什么？能让你产生伟大的志向，因为人的志向冬天是藏起来的，藏在肾里面的，它什么时候才产生？在春天。而且我们说一年之计在于春，所以春天大家就开始做计划，但其实春天不需要大家特别劳累，特别刻苦学习，因为我们《黄帝内经》就说了，生而勿杀，予而勿夺，赏而勿罚。就是说，对孩子而言要奖励他、表扬他、鼓励他，不要批评他，不要把他东西抢走，不要惩罚他，这样才能保证他的肝气通畅，然后到夏天的时候他就不会拉肚子，不会身体虚弱，脾胃虚弱。而夏天是我们青少年长身体长骨骼的时候，也是长大脑的时候，如果说春天我们让他劳累过度，夏天他的肝和脾胃都会受损伤，那么他就不能健康地成长，不能有个健康的体魄。所以，如果这些优美的句子能够走进学校，让老师、家长和学生都学习到，就知道在春天早点睡，不要太劳累，让自己舒服一点，多运动运动，这样的话就能够很好地养生，他身体健康了，然后再养成一些良好的习惯，那么学习和未来的事业都将会有很好的发展。

谢学宁　刘教授的建议给了我们很多启发。传承中国传统文化，就是来滋润我们新时代青年的现代人生。曾经也有人问我什么是儿童立场，我的回答是离儿童近一点再近一点，能够看得见我们师生的模样，捧得起师生的欢唱，接得住师生的忧伤，真心地去爱师生，这是一所学校应该有的模样。

三、“三生”不灭，方可三生有幸

谢学宁 本期讲座我们聚焦生态保护。我们特别请到的嘉宾是科普作家郭耕[3]老师。郭老师是北京生物多样性保护研究中心研究员，中国科普作家协会生态专委会副主任，“灭绝动物墓地”创意发起人，先后获得过“全国科普先进工作者”“北京市十大杰出青年”“北京市科普先进个人”等荣誉。

郭　耕 同学们好！非常高兴今天我给大家奉献一场关于生态生命生活的科普演讲。我本人是北京生物多样性保护研究中心的研究员，首先就有一个术语，什么叫生物多样性？生态文明现在已经深入人心，从中央到地方，大家都很熟悉“生态”这个词。生态到底是什么含义呢？生态，英文叫 ecology。大家有没有注意到，还有一个词，economical，经济，这两个词的词根都是“eco”，为什么？eco 是希腊语，意为“家，居住的地方”。我们常说地球是我们的家，是我们唯一的家。但是地球这个家，唯一属于我们吗？从时间维度来思考，地球这个家唯一属于我们当代人吗？当然不是，我们还要有子子孙孙千秋万代，那么这就涉及一个重要的发展理念——“可持续发展”。就是我们今天的发展不仅要顾及自己，还要顾及子孙后代的利益。从空间来说，地球家园唯一属于我们人类吗？当然也不是。目前据科学所知，地球上物种在 1000 万个左右，那么很多年以前我们还都认为地

3　郭耕，男，1961 年生，高级经济师，入选“美丽中国，我是行动者”2020 年百名最美生态环保志愿者，现任北京市政协常委，北京市大兴区政协副主席（不驻会），北京麋鹿生态实验中心副主任。

球上的物种只有100多万种，但是现在认识得越来越多了。地球上的物种的多样性，生态的多样性和遗传的多样性就构成了一个非常复杂的概念，就叫生物多样性。生物多样性是一个科学地、全面地、系统地来描述地球生命生态现象的一个科学术语，当然它也是翻译过来的，叫 biology diversity。我为什么请大家从时空的、立体的维度，整个了解一下我们居住的家园到底跟我们之间的关系？说到这儿，我不得不哀叹一声：因为今天地球上出事儿了，出大事儿了。人物越来越多，动物越来越少，而地球上与人口膨胀形成鲜明反差的就是野生生物的大量灭绝。

一说到灭绝，可能同学们首先会联想到地球上曾经有一类动物灭绝了，那就是恐龙。但是当今地球上的物种大灭绝，也就是生物多样性丧失，将是一场比6600万年前白垩纪的恐龙灭绝更为惨重的生态悲剧。而这次物种灭绝将会有30%多的鱼、20%的爬行动物、10%多的鸟类、20%的哺乳动物面临灭绝的危险。有人说“灭绝，我怎么没感觉到？”因为你是业外人士可能会感觉不到，但是我曾亲历了一个物种的灭绝。2001年7月，我曾经有幸到湖北的中科院水生馆去探望唯一一条曾经在人工条件下生存了20多年的白鳍豚，叫琪琪。当时，琪琪孤独地在水中游来游去，现在我的耳畔还会回荡着它溅起的浪花的声音。我当时很随意地拿出相机拍了张照片，想到可能还会有机会来，也就没有多拍。没想到，第二年7月，这只唯一的被人类饲养过的白鳍豚就与世长辞了。而它的死可绝不是我们身边随便见到哪种动物死了就完事了，它可是这个物种的最后一个成员的死去。同学们想一想，一个物种的最后一个成员死去了，叫什么？灭绝。

今天地球生命面临的这样一个严峻的形势，科学家大致归结为四大因素“过度捕杀、生境丧失、盲目引种和环境污染”，导致了物种的大灭绝。今年是虎年，我们美丽的星球曾经是虎影如风，但是大家看，

1940 年巴厘虎灭绝了，1973 年里海虎灭绝了，1981 年爪虎灭绝了。现在地球上的 9 个亚种的老虎，还有 6 个亚种。

哇！我们美丽的星球曾经是天地和谐，那么刚才说的是虎，现在展示的是熊。地球上作为熊科动物，有马来熊、懒熊、眼镜熊、棕熊、美洲黑熊、北极熊、亚洲黑熊以及我们熟知的大熊猫。现在大家看到的是北极熊，北极熊，顾名思义，它生活在北极，但是这个画面你们看到是不是感觉有点触目惊心，出现什么问题了呢？对，全球变暖、温室效应、冰川融化使北极熊面临着家园丧失的灾难。全球变暖还将导致上百万个物种灭绝。不仅是北极熊，还有很多物种，比如现在画面上大家看左侧的小鸟，那么这是什么呢？勺嘴鹬，你看它的嘴巴像一个小勺子一样，长得非常的俏皮，但是这种很可爱的小鸟，全球的数量不超过 500 只了。这些年，我曾两度到黄海之滨专程去看勺嘴鹬，在众多的鸟之中很难得找到它的身影。它为什么数量越来越少？因为它的繁殖地，它的巢区在北极，而今北极的冰面融化了，它的巢区也很多都被淹没在了茫茫的海水之中。

讲到这儿，大家觉得是北极变暖、冰川融化，使它们的栖息地丧失了才走向灭绝，这么简单吗？又如何理解全球变暖会导致上百万个物种走向灭绝？请看右边这个图，扬子鳄，中国特有的一种非常古老的爬行动物。据扬子鳄的保护专家多年来得出的经验，扬子鳄的繁殖是温度决定性别，性别决定前途。当繁殖温度在低于 28℃时，生出来的小扬子鳄都是雌性，当繁殖温度高于 32℃，它繁殖出来的小扬子鳄都是雄性。你看今天的平均温度是高了还是低了？高了，越来越高了，所以生出来的都是雄性，都是雄性，还能再产生后代吗？就不能了。不仅是扬子鳄，各种两栖类、爬行类脊椎动物，甚至无脊椎动物都面临着灭顶之灾，因为气温的这种急剧地升高。有人说，“老师，我们不怕，我们人类多冷或者多热都能生孩子”，你是不是有点杞人忧天了？

那么我再举个例子，蜜蜂！大家都知道小蜜蜂到底有什么价值？有人说采蜜，你说采蜜，我就流哈喇子了，我说我也爱吃蜂蜜，但是请注意，西方有位大学者说过这样一句话：“如果蜜蜂在地球上消失了，人类最多还能活 4 年。”难道不吃蜂蜜就活不下去吗？当然不是了，它指的是什么呢？是以蜜蜂为代表的生物多样性如果在地球上消失了，那么人类也就没有前途可言了。为什么？人类有 1300 多种作物，1000 种以上都依赖蜜蜂来传播花粉。如果没有蜜蜂了，我们的农业、畜牧业、水果、蔬菜都将严重地减产，人类将陷于饥荒之中。联合国将每年的 5 月 20 日确定为“世界蜜蜂日”。再比如大家都知道的穿山甲。世界上有 8 种穿山甲，中国最著名的穿山甲叫中华穿山甲，但是今天在中华大地上几乎见不到了，为什么？它几乎被吃光了。太可怕了！这让我想起唐代白居易的一段话：“天育物有时，地生财有限，而人之欲无极。以有时有限奉无极之欲，而法制不生其间，则必物暴殄而财乏用矣。”我看到穿山甲的爸爸背着孩子走路的情境，改写了一段歌词：爸爸，我的妈妈为啥要被人抓？他们是否还要杀我全家？难道人类不懂天理报应，理应知道滥食动物导致新冠暴发。但愿他们的嘴不要成为他们的坟。据一个国际组织调查，全球每年大概有 2.7 万个野生物种灭绝，也就是说每天有 74 个物种灭绝，在我们此次讲座的一个小时的时间里，地球上有 3 个物种正在灭绝。一个物种的灭绝会引起与它相关的几十个物种的相继灭绝，这种物种灭绝的连带性，被我比喻为“灭绝多米诺现象”。所以大家看画面，这就是我所创意的一个自然教育的科普设施世界——灭绝动物公墓。在那墓碑的尽头则有我给灭绝动物写的墓志铭，last words，墓志铭是这样说的，“风萧萧兮易水寒，众生一去兮不复还”。

当然，面对日益严峻的物种灭绝形势，人类也在觉醒。1872 年，美国就出现了第一个国家公园——黄石国家公园。1984 年，中国出现了第一个国家公园——中国台湾的垦丁国家公园。2021 年，中国大陆成立了 5 大国家公园，这就是我们人类文明生态的觉醒。我曾经参加过东北虎豹国家公园的成立仪式，当时中央财办的一位领导讲了几句话让我非常振奋，他说，我们虎豹国家公园的成立要达到三个满意：第一，人民满意；第二，中央满意；第三，虎豹满意。前几年，国家有关部门还组织了一次大规模的中国生物多样性的搜索性考察，结论是，中国有 115064 个物种，这虽然只是一个大概数，因为不少动物会来回迁徙，今年有，明年可能没有，后年又出来了。但是，有这样一个概数是非常重要的，让我们对家底有所了解，这就是所谓本底调查的意义。

习近平主席指出，“当人类友好保护自然时，自然的回报是慷慨的，当人类粗暴掠夺自然时，自然的惩罚也是无情的。”我们在搞环保活动时经常爱说一句话，“保护地球”，其实，地球并不依赖你保护，因为你即便不在了，地球还在。唯“三生”不灭，方可三生有幸。

谢学宁 郭教授的分享让我们大长知识。现在是互动环节：人们尊称您是“四不像”先生，您当初要保护麋鹿的初心是什么？在麋鹿苑这么多年的经历中，让您感到最具有强烈的成就感和幸福感的事情是什么？

郭 耕 其实是我自称“四不像”，人们才管我叫“四不像”。为什么呢？首先跟我与麋鹿相伴几十年有关。麋鹿别称“四不像”，脚似鹿非鹿，脸似马非马，蹄似牛非牛，尾似驴非驴。不过，我自称“四不像”，更主要的是源于我的工作性质。我做的是动物保护的科普教育工作，从事科教工作要具备各种的能力，所谓像教师不是教师，像专家不是专家，像导游不是导游，像作家不是作家，这就是我所谓的四不像的含义，也可以理解为一个科普的多能人士。这么多年与动物相伴，做自然保护工作，我还真是颇有成就感，为什么？起码在我所工作的领域，有很多的科普内容、创意、产品、著作，都出于我这些年的辛勤耕耘。比如“灭绝动物公墓”的创意，不仅是一个工程性的创意，而且还有几本书，都是写灭绝动物的。甚至在灭绝动物的公墓上，还有我给灭绝动物写的墓志铭。这一切，都是人类对自然的一种忏悔和反省。工业革命使地球上的生态、物种、生灵遭到了极大的损伤。但是作为一个生命共同体，看似我们损伤的是其他，实际上损伤的是我们自己。所以我说博爱即自爱，护生即护心。有了这样的意思和意义，与动物相伴，也就成了我幸福感的所在。

谢学宁　初三（9）班付江晨同学提问：听说克隆猛犸象即将重现地球，在生物多样性丧失如此严重的今天，我们能不能用克隆的方法去挽救更多的濒临灭绝的生物？

郭　耕　这个问题非常有代表性，但是今天的同学很容易受到一种叫“科学万能论”的误导。科学是万能的吗？当然不是。科学虽然帮助了人类解决了很多问题，使我们的效率极大地提高了，但很多问题科学是不能解决的。比如制造生命，制造物种，人类一个物种也制造不出来，甚至也不可能使灭绝的物种复生。当然，我们在拯救灭绝物种中，有些物种是因为你没有发现，暂时判定它灭绝了，但过了半个世纪可能又出现了，但都绝不是人类实验室里复生的。到目前，人类的实验室没有复活任何一个物种，包括猛犸象，只是他的一个噱头，他不可能去复制灭绝的物种。人类通过这种基因复制，没有一个是成功的，只制造了几个。大家知道克隆羊、克隆牛、克隆猴，不久这些个体也都死掉了，因为你对生命的一个恢复不仅是个体、种群，而且是生态，这是一个重要的复合体。不是说使一个小小的生命个体出现了，你就成功了。猛犸象我确信没有复活。

四、语文学习要拥抱星辰和大海

谢学宁 前几期讲座鼓舞斗志，温暖人心，点燃了不少小朋友触底逆袭或是再攀高峰的激情。很多家长朋友希望我们趁热打铁，请位学科学习方面的专家来进行针对性的指导。我们收到家长的建议后，立即着手寻觅筛选。最后我们在众多名师中选定了一位自称非主流的语文老师，据说一些曾经受教于这位老师的学生反馈，这是一位除了授业解惑，还可以“改命”的好老师。（笑）虽然这位老师自称非主流，但其实是知名大学中文系毕业的，而且是一位把文字玩得出神入化的老师，所以，与其说他是一位非主流的语文老师，不如说他是一位身怀绝技的怪才语文老师。有请本期嘉宾张博[4]老师。

张　博 各位朋友，非常有缘在此相见。我们今天来聊一聊关于初中语文学习的那么点事儿，说的也不一定对，敬请批评指正。我分享的题目是《中考只是低保，语文学习要怀揣星辰和大海》。意思是，初中阶段是我们精神发育、能力培养的一个关键期，假如我们把梦想格局做得很低，只是为了满足中考，最后很可能没有让我们的青春时光价值最大化。我经常跟学生说，你身上从眼镜到衣服到鞋子，还是什么手表、电脑等等，其实都不是你的，而是你爹妈的，有一个东西

4　张博，融明语文创导者，教育作家。1987 年生，四川平昌人，华东师范大学中文系汉语言文学专业本科毕业，曾在学校、公益组织、新闻媒体、政府机关从事文字相关工作，著有《作文的解放：高考作文的全息透视与实践导引》（2021）、《作文的顿悟：中考作文的灵气邂逅与应试“预谋”》（2022）、《好作文是改出来的：议论文写作的问题洞察与升格打磨》（2023）等。

既是你的又是你爹妈的，你爹妈不高兴，你让他们拿回去，他们又拿不走，这个东西就是时间，是唯一属于你的东西，也是最宝贵的东西。这个东西如果用得好，你就可以价值连城，你用得不好，就有可能一文不值，甚至酿下终身的遗憾。所以，我也尽量对得起你的时间。

我的观察与研究发现，长期以来，我们的教学中，存在着五大束缚学生语文充分发育的误区，这也是我今天跟大家做分享的一个基础：一是半年内容三年学，原本半年可以自学完成的内容却要整整三年被牵着鼻子走，制约发育时间；二是只跟一个老师学，自觉地以老师为自己的格局天花板，制约发育空间；三是只为各种考试学，轻视或者忽视了语文学习的多向度延伸，制约发育格局；四是无所谓学或不学，不把学习当成自己的内在需要，制约发育动能；五是假装在很努力地学，时间耗了不少但是不过心，学的内容很多但都意义不大，制约发育效率。基于这些误区，我提四点让学习价值最大化的建议：一是以满分为目标，用理想点燃内驱；二是重视自学成才，以主动摆脱被动；三是以大师为师，以高标准对冲平庸；四是试着写一本书，以著作化引领深阅读。

分享一点关于中考作文的心得。考生和老师之间不是高尚的师生关系，而是非常现实的交换关系。你给老师想看的，老师给你想要的，如此而已。应试写作的关键是建模，为什么？因为只有建模才能给你稳稳的幸福。中考作文的核心秘密无非“三个数字”，也就是“1”种文体，娴熟掌握记叙文就好；“2”个题目，“成长蜕变”和“感动”，最好是两者的叠加；“3”条视线，说的是老师给你改卷子主要看三条线，①标题—题记—每段第一句话串起来的“事线”，看故事情节的起伏和完整；②标题—题记—每段最后一句话串起来的“情线”，看故事情节起伏的同时，你的情感世界是否产生了波澜，这种波澜一旦刺激到老师的痛点、泪点、笑点、柔软处，老师心里这么一颤，一个高分就溜出来了，③标题—题记—每段中间部分串起来的“文线”，看你的文化视野和文学素养，这个部位如果多一点引号、书名号、外国人的名字，当然是那些特别牛的外国人名字，就很容易让老师在三秒钟之内产生给你高分的冲动，如果你想让老师在一秒钟之内就产生给你高分的冲动，你最好还得把左边这条线和右边这条线合并到左边这条线。

谢学宁 您的《作文的解放》刷新了我对高考作文写作指导书的认知，今天有机会连线互动，我就特别好奇在您的心中，“让作文获得解放”是一种什么样的状态？

张　博 这个问题很高级，我都不知道怎么回答了，因为我并不认为自己的写作水平已经达到了无所不能的境界。换句话说，我也还在追求写作，获得大自由、大解放的路上。不过，具体到一般意义上的考试或者中考应试或者高考应试而言，我对解放的一个理解是，随便什么材料，随便什么题目，我们都能够一针见血地看出命题者想考什么，能心领神会地知道阅卷者想要什么，并且一气呵成地写出一篇高分甚至满分的作文来。

谢学宁 您会不会觉得自己对应试作文教学的相关观点“太功利”？

张　博 在孩子“考功名”的路上讲功利，是一种对孩子的深度关怀与深度负责。因为应试作文从来就不高尚，不过是一场有预谋的作秀，好作文不是写出来的，而是精准揣摩、精心设计、精致雕琢出来的。在考试这个由阅卷者和答题者组成的对立统一中，彼此之间不是什么温情的师生关系，而是一场公平规则下的交换关系，考生给阅卷者想看的，阅卷者给考生想要的，各取所需，皆大欢喜，如此而已。老师要做的是，用最少的时间让孩子从应试作文的苦海中求解放、得自由，因为我们应该清醒地认识到并坚持好这样的初心：语文除了应试的苟且，还有更有趣的境界，那里有思想、审美、温情以及星辰和大海。

谢学宁 初一（2）班倪然同学请问张博老师为什么选择大学读中文系，是不是中文系毕业的人都可以当作家？

张 博 这个问题背后涉及一个生涯规划的问题，老实讲，中文系并不是我的首选，我高考填志愿那个时候信息还比较闭塞，或者说我们家比较闭塞，就缺乏那种富有前瞻性的人生引领。当时以我的高考成绩去北京，读不了清华北大，差个十来分，要不就去上海，就被提前批的华东师大给录取了。我填的第一志愿也不是中文，是国际经济与贸易，但是后来稀里糊涂被录到中文系了。当时就感性地觉得这个专业挣钱多、来钱快，并不是基于理性的分析，而是一种感性的跟风，而且我相信那会儿像我这样的人还不少。这个事情有什么危害？最直接的就是，我学的并不是我自己深度喜欢和深度感兴趣的事情，学习的效率和学习的效果就不好。不过幸好，我是误打误撞进了中文系，而不是其他系，虽然那些我也没进过，它让我有更多的时间、空间，还有闲情逸致去读一点杂乱无章的书，让我可以预见和琢磨更多的人性与历史的可能性。大学几年也算是过得比较充实和惬意，如果我进了国际经济与贸易系，还真不一定是啥好事。现在的深圳的家长朋友和学生比我当年都要厉害很多，他们早就进行了系统的分析，所以肯定会比我少走很多弯路。中文系是一个万金油的专业，适用面比较广，但是也可能是蜻蜓点水。中文系毕业的人可不是都能当作家，当然，张老师也不是作家，中文系存在的意义也不在于培养作家。事实上，中文系毕业专职当作家的人很少，最优秀的作家也可以未必是中文系毕业的。如果说提问的同学有当作家的想法，我倒是可以提一点小小的建议，就是你要用最快的时间解除应试的后顾之忧，然后把它省下来的时间用来读大量的作品，经典作品，你也不要着急动笔，先把自己的格局和文学的纯正的味觉打开，比如说看小说，看到一个善良的生命就要陨落的时候，你也会哭，把自己的生命和作品的生命能够完全融入一起的那样一种状态的时候，你再来开始考虑是不是要写。因为创造性的劳动光靠努力是不够的。如果要当作家，我倒觉得一定要特别喜欢读文学作品，特别是诗歌小说这种感性的。

谢学宁 初二（5）班陈天羽同学请问您在讲座提到的原型化思维，除了用在作文和阅读的套路之外，还有什么其他的用处？

张 博 我讲的原型化思维，也可以叫模型化思维，有本书就叫《模型化思维》，很厚，买来了没有细读。我们在做题的时候、研习文章的时候，要善于从一个具体的个案抽象成一个可以广泛适用的模型，通过模型化的抽象来实现融会贯通，这种能力是卓越人才的核心竞争力。初中学习时间紧、任务重、竞争激烈，怎么办，唯有提高效率，模型化思维能力就是精髓。这里面包括我们为了解决大多数阅读理解主观题答不全、答不准的问题，从而抽象出一套“甄别+结合文本分析+围绕核心维度谈作用”这样的答题系统，也包括我们将莎士比亚的名句“存在还是毁灭，这是一个问题”中的一组反义词替换成其他反义词组造一个新句子，比如“坚持还是放弃，这是一个问题”，让老师默认你读过莎士比亚；还可以是，我们分析一篇文章的体系架构，从而获得提升文章分量的技巧顿悟；等等。

谢学宁 一位家长朋友的问题。他说，听张老师的讲座，感觉他很懂心理学，我们家孩子现在初二，正在青春期，和我们家长的关系简直是势同水火。在改善亲子关系上，有什么好的建议？

张 博 谢谢这位家长朋友的鼓励，我看过的心理学的书籍真的不多，这个问题对我来说有点超纲，因为对具体情况不太了解，我就估摸着贡献一点个人建议，是否有用真的不好说。但是我知道马云曾经关于员工辞职的原因说过一句话，要么钱没给到位，要么心受委屈了。亲子关系的对立，包括那种极端性的灾难性的对立，大致也主要有两个原因，要么是深度的理解没到位，要么就是心受委屈了，导致这一局面的因素应该也主要有两个，要么就是定位有偏差，要么就是方式不高明，而且恕我冒昧，主要原因很有可能在于家长方面，因为不少家长朋友会习惯性地、理直气壮地以爱的名义来标榜或者掩饰自己的气急败坏，一点都不顾及在小孩面前的那种修养，亲子关系不是一种施舍与被施舍的关系。父母对孩子的抚养不是恩赐。黎巴嫩诗人纪伯伦在他的《先知》中说过一句话，“孩子其实并不是你的孩子，他是生命对自身的渴望，他们借你们而生，却并非从你们而来”，所以，你和孩子之间是一种缘分的关系，你和他在人格上应该是一种新型的平等、合作关系，要相互成就，而不是谁属于谁。而且因为小朋友毕竟还小，所以在这种合作关系当中，家长一方的爱心耐心、倾听智慧、沟通艺术、胸怀担当，都要求要高一点。你和小朋友之间的这种关系上的冲突，其实稍微冷静一下，你就看清了，然后也就看淡了。还要注意，我们现在都很着急，好像觉得一定要每一分每一秒都花在学习上，考试成绩才好，不是这样的，如果“心”的问题没解决，他的内心世界跟知识之间是隔离的，是对立的，他也不安全，所以一定要多沟通，如果自己不行就去找那些专家、心理学专家来疏导，或者是找他信任的朋友亲人，自己要学会适当地离场。我们很多家长朋友把所有的爱放在这个孩子身上，孩子就是她的命根子，甚至觉得老公都不重要，就儿子重要，最后的结果就会很惨。孩子到一定年龄他一定会自我飞翔，他结婚了肯定是他的小家更重要，那个时候你会面临一个很大的失落，中国的婆媳关系问题就是这么来的。我们这一代人可不能再去步这样的后尘，体验那样的悲剧，一定要有自己的生活。

AI时代的教育主动权[5]

——“智能教育”前沿论坛现场剪辑

谢学宁 各位嘉宾、各位家长朋友、各位同学，欢迎大家来到全国最美校园（没有“之一”）的深圳市盐田区外国语学校，我是盐外的党总支书记、校长，也是今天的主持人。今天我的嗓音有点嘶哑，但是我还是要用嘶哑的喉咙来歌唱，因为我深深地爱着这片土地。当前，我们正处在一个以人工智能为引擎的大变革时代，有专家预测“在不是很远的将来，硅基生物将取代我们这些碳基生物”，这对我来说，理解起来有点超纲，但是一个不争的事实是：第四次工业革命的浪潮正在席卷全球，我们必将走向一个人与机器人和谐共存的新型人类社会，很多我们传统意义上的知识与技能，在人工智能面前将变得一文不值，这也意味着我们的教育正在经历一场深刻的变革，无论是学校还是家长，都必须清醒地认识到这种趋势，并且去拥抱这种趋势。天下事，说到底，就是一个“早”字。早点自觉、早点主动、早点着手，我们

5 本文为2024年3月30日学校开放日系列活动之“智能教育”前沿论坛的文字摘编，出席论坛的专家嘉宾有中山大学电子与通信工程学院副教授、硕士生导师高庆，华为技术有限公司终端云生态发展部技术骨干许光华，深圳市政协常委、码隆科技创始人黄鼎隆，教育作家张博，深圳中学国际部学子陈亿。

就能占得先机。所以，我们特意为大家筹备了这样一场圆桌论坛，就“AI 时代的教育主动权”这一时代必答题、教育必修课，会集相关领域的专家展开讨论。

许光华　为什么我们来探讨 AI 这件事？它到底有多重要？对于我们公司还有同学们的生活到底有什么价值？我们不着急给结论，可以先从这些有趣的科幻片的想象中去找答案。当代社会，大家对科技的未来的畅想，很多时候都会体现在一些科幻的艺术作品里面。比如，半个世纪以前的电影《2001 太空漫游》，这里面就已经对人工智能的雏形、应该有的功能以及可能带来的风险有了一些探讨。在这个电影里面，人工智能不仅管控飞船的飞行，还会有一些自己的意识和想法。再比如，《高达》《变形金刚》《星球大战》《机械公敌》《钢铁侠》《星际穿越》等等人们喜闻乐见的电影，都有涉及对 AI 的探讨，而且探讨的广度和深度都在不断拓展，其中还包括人类与 AI 的协同交互等非常前瞻的问题，甚至出现了主角跟操作系统相爱的畅想。我在华为所属部门是做操作系统的，我们在做手机上的人工智能助手时，也会考虑到 AI 的情感性。人类依靠科技已经打造出了非常多的 AI 场景，在非常多的方面进入我们现有的生活。这是我们最近主办的一个关于 AI 行业峰会的宣传视频，大家仔细观察这个画面，它跟我们传统的视频其实不太一样，因为这个视频是我们完全用 AI 大模型直接生成的。视频中的星球，像星空的纹理，还有星星，都是通过一些语言指令，然后结合大模型，经过大量素材训练，自动生成出来的。所以，想象未来靠科幻，创造未来靠科技。华为也在打造一个比较重要的 AI 能力，我们把它命名为“盘古大模型”，简单说来，就是我们在做一个面向各个行业的 AI 助手，希望让各个行业的每个企业都可以拥有一个自己的通过人工智能驱动的专家助手，让大家的工作都能变得更加轻松高效。

怎么理解大模型跟以前的AI传统模型训练的区别？打个不太恰当的比方，你让AI去解决一个问题，这个问题是做一个蛋糕，传统AI模型。你得从和面粉开始，然后去选取材料，然后混合烘焙，最后得到一个美味蛋糕。这个过程比较烦琐，你也需要根据不同的需求去反复调整食材和步骤。大模型大大简化了这个过程，她是一些公司级别的训练做出来的一个半成品的蛋糕，这个蛋糕已经经过了精心设计和制作，有很强的通用性，你可以在很多场景，比如说婚礼、生日，可以直接拿来就用，稍微做一些这种点缀装饰，就可以直接去适应你现在的需求的任务场景。也就是说，传统模型更多需要大家做AI的时候自己动手，大模型则是一个比较通用的解决方案。在一些比较严肃的行业，我们做的盘古大模型也已经赋能到了千行百业。比如，电力生产、煤矿开采、铁路运维、气象预测、药物研发、政务使用，等等，都已经用上了盘古大模型去提高效率。我们手机上的鸿蒙操作系统也借用了公司大模型，让它能在个人手机使用场景、办公场景、出行场景、家庭活动场景，做到能说、能听、能办事，还能给我们提供建议，相当于把盘古大模型的AI能力融入我们的手机和手机跟用户的交互过程中，这将带给我们更多的快乐和方便。

谢学宁　许光华聚焦鸿蒙原生智能与未来生活分享了华为公司在探索AI技术上的努力，特别是在AI赋能千行百业和创新AI用户体验上的前瞻思考与前沿布局，智能化、立体化、视觉化地呈现，让现场观众沉浸式体验了AI技术与生活的全方位链接。同时，据我所知，这是我们伟大的民族企业华为，第一次派代表参加一所华为系之外的初中学校的论坛活动！再次感谢许光华先生！面对AI重塑人类世界和未来一切的大趋势，其实，人类从来就不是被动地任技术摆布的，在我们的科学界，很多应对人工智能，特别是掌握人工智能世界主动权的技术研究早就开始了，这也是很多小朋友未来将要从事的事业方向！所以，下面我们以热烈的掌声，有请一线科学家、来自中山大电子与通信工程学院的高庆教授和大家分享机器人中的AI应用！有请！

高　庆　“机器人中的人工智能技术”，这涉及两个关键词，一个是“机器人”，机器人并不是长得像人才是机器人，比如扫地机器人、无人驾驶汽车，能够自动运动的机器我们都管它叫作机器人。第二个关键是“人工智能”，就是模拟我们人类大脑的一种智能方式。机器人和人工智能放在一起能够碰撞出什么样的火花？这（幻灯）是一个在机器人界非常火的视频，机器人前面这些动作（上桌子、上台阶、翻越障碍），咱们人做起来也是比较简单的，但后面这种后空翻的动作我们很多人就做不到了，但现在机器人是可以做到的，这说明现在人形机器人已经具备了超过人类的运动能力。那么，是哪些技术助力我们机器人能够有这么强的运动能力？第一个是“强化学习”的技术，强化学习是人工智能中一种非常重要的方法，类似训练小狗趴下中的奖惩机制。我们通过奖励和惩罚，让机器人不断训练、不断学习，久而久之就具备了这样的能力。强化学习已经发展了二三十年，现在才能够发展得这么好，是因为借助了另外一个“深度学习”的技术，深度学习是目前人工智能领域最关键的一种技术，通过深度学习做一个机器人的感知，然后通过强化学习做机器人的一个决策，让它形成一个闭环，这样就能够控制我们的机器人，实现更好的训练。深度强化学习，是人工智能应用于机器人领域中的典型方法。生活中，我们经常会看到扫地机器人，送餐、送药机器人，这类机器人的主要功能是可以在一个环境中运动和避障，这里面包含的人工智能核心技术叫作SLAM技术，中文译作“即时定位与地图构建”。就是说，我们机器人上会有很多传感器，比如雷达传感器、摄像头传感器，它可以通过扫描我们周围的环境，然后建立出一个地图，再通过地图上一些周围的物品，同时定位我们机器人本身的位置，机器人就可以在一个未知的环境中不断地进行建图，然后不断进行定位，就可以做到在家里、商场中，不断地走，进行避障，这个是人工智能在机器人领域中的另外一个非常重要的技术应用，当然，这个技术的高阶版是无人驾驶汽车。当然，无人驾驶汽车叠加了一个更加智能的 AI 技术，计算机视觉技术，无人驾驶汽车通过它的传感器把周围环境数据获取到，然后通过计算机视觉技术分析识别出哪里是汽车、哪里是人，人怎么走、车怎么走，哪里是车道线、什么样的车道线，以及哪里是红绿灯、哪里是警示牌，等等，再配合自动驾驶汽车的路径规划和车辆控制算法，就可以实现汽车在道路上无人驾驶。这是人工智能在机器人领域中的另外一个非常重要的应用。我们课题组目前也在做人工智能和机器人结合这方面的研究，我们在做的工作灵感来源于《铁甲钢拳》这个电影。这个电影讲述的是男主角（曾经是拳击手）和儿子捡到了可以打拳击的人形机器人，然后他们就拿着原型机器人去打拳击，但是在一次比赛中，机器人受损了，手柄控制失灵了，他就启动了另一种控制方式，就是人做什么动作，机器人就可以跟踪这个人做同样的动作，现在我们其实就是想实现这个功能，所以我们做了一个“影随系统”，就是让机器人像影子一样能够跟踪我们人类的动作。这个技术其实包括两点重要技术，一是人体动作捕捉，二是人机动作迁移。我们针对这两个内容做了一些研究工作并取得一定的成果。

谢学宁　感谢高庆教授让我们沉浸式体验了 AI 是如何与我们的智能生活链接起来的，同时也让我这个文科生产生了对科学的向往！我想，很多小朋友应该和我一样，而且，讲不定 6 年或者 10 年后，今天的现场小朋友就会成为高教授的学生或者研究生！会前，我们也与高教授做了短暂的沟通，希望将部分高教授的科研成果与科研资源，吸收进我们盐外的科学课程，让我们盐外的孩子比别的学校的学生提前五六年就跟世界一流高校通上“电”、借上“光”。再次感谢高教授！前面两位专家分别从技术前瞻、科学研究等视角分享了对AI的理解与运用。接下来的这位嘉宾，很特别，他就是比较早涉足AI创业的企业家。作为既是科学家又是创业者的企业家，他在创业中的切身体会与深度思考，将为我们带来怎样的启迪呢？有请深圳市政协常委、码隆科技创始人、清华大学博士黄鼎隆先生！有请！

黄鼎隆　一到盐外就看到中考的辉煌战绩，又在视频采访里面听到谢校长鼓励学生在完成学科学习的同时，还要抽出时间去进行素质拓展，我非常感动。在这么卷的时候还能抬头望一望星空，组织这样一个论坛，给孩子们下战略先手棋，这是非常有远见的事情。今天，校长给我的题目叫《AI中的创业可能》。在讲AI的创业可能之前，我想先讲一下AI中的创新，因为创业是在创新的基础上再加上各种限制之后的行为。同学们不一定都会去创业，但每一位同学都可以去创新。过去，我们创新除了要有想象力，还要学习很多工具，有些工具也许要学习很多年。现在有了人工智能，你只要尽情发挥你的想象力，就能够去创新了。这里我给大家举一个盐田外国语小学项目式学习的例子。我们这里是大梅沙，再往东边一点有小梅沙，有一群盐外小的孩子，比各位同学还要小的孩子，他们说要给小梅沙设计一个新的海滨公园，大家知道小梅沙在上次的“山竹”台风之后正在重建，可能今年下半年就要重新开放了，这些孩子说他们想给小梅沙来设计一个全新的海滨公园。他们拿到这个题目，就是要利用AI技术给大小梅沙的旅游观光出一些主意，然后找到了我们码隆科技，我给他们讲了人工智能。他们先去到小梅沙的现场，小梅沙那个时候还是一个工地，虽然说沙子还是很细软，可是到处都是海浪推上来的垃圾，孩子们就在海滩上开始想象这里应该有什么，那里应该有什么，然后他们去了一个中学的 AI 的实验室去进一步学习，AI 究竟能够做什么，他们了解到原来 AI 就像一个聪明的大脑，他能够跟他们一起去探索未来，于是他们接下来跟 AI 一起去绘出他们心目中的小梅沙，用了两个工具，一个 ChatGPT，一个 Midjourney。他们跟 AI 一起创作出未来的小梅沙全景，他们说海上要有一个像海螺那样的海洋馆，而酒店要像波浪一样，或者像贝壳一样的未来酒店，关于交通，他们希望在小梅沙的地铁一出来就有海洋的感觉，停车场，他们希望是一个珊瑚的造型的，提醒游客们注意海洋保护，而这些列车就好像与海豚一样在山海之间穿梭，包括海滩上要有各种海洋动物造型的垃圾桶，贝壳一样的帐篷，海星造型的海上歌剧院，酒店里面有各种水母造型的桌子、椅子、花洒，鱼儿造型的水龙头，沙滩主题的公共卫生间、淋浴间，然后要一个儿童图书馆，像在打开的贝壳里面读书的感觉。还有各种海洋主题的美食、蛋糕、冰淇淋，还有各种人工岛、纪念品，他们甚至还设计了一个吉祥物，以前的小梅沙有一个北极熊。他们还设计了水母，这是孩子的当时的一个想象。当时他们在海滩上看到有水母被冲上来了，有一个孩子说“我能不能拿水母做一顶帽子”，当时我都想象不出来，可是他们回去跟 AI 一起把水母太阳帽给画出来了。我都想象不出原来水母真的可以拿来当太阳帽的，不知道各位同学对水母太阳帽有没有兴趣？他们还设计了北极熊，还给北极熊创造了一个小梅沙和北极熊的故事，创造了各种帽子项链等等这些作品，看着是不是都像是一些专业的设计师设计出来的作品？可是实际不是，这些作品都是由这一群小孩子，小学四年级的孩子通过 AI 设计出来的。我夫人是清华建筑系毕业，她说当她大学毕业的时候，都做不出这样的作品，而现在小学四年级的学生和 AI 一起就可以创作出这样的作品，所以现在要创新，你只需要有想象力，这是一个最适合创新的年代。我从事 AI 创业已经有将近 10 年了，说实话创业是挺不容易的，创业比创新要难很多，因为创新你只需要想出一个别人没想过的主意，一个方法，一个产品，一个场景，可是创业你要把这个东西做出来，要落地，要产生价值，还要能够赚钱，这是不容易的。今天，我也希望借这个机会跟各位家长共勉：整个教育太卷了，竞争太激烈了，可是我想说咱们深圳的家长不用太焦虑，因为深圳的孩子都会享受一波红利，AI 带来的红利。因为我一直相信深圳的孩子是最适应未来人工智能时代的那一群人，我毕业工作的时候，我是在 Google、微软这些地方工作，在这些公司工作，我会发现身边的同事，他们有很多是在硅谷长大的，我会发现他们天然是更适应计算机和互联网，他们使用计算机和互联网就比我们会更顺畅，因为他们从小就能够接触到计算机和互联网，可是现在全世界最有条件尽早接触到人工智能的地方就是深圳。建议大家跟孩子们一起去学习 AI、运用 AI。刚才一开场谢校就提到咱们碳基生物可能会为硅基生物所替代，硅基生物会很强大，可是它也有弱点，它有不擅长的事情，我们现在要多去锻炼这些 AI 所不擅长的事情，比方说举一反三的能力，现在的 AI 它不是举一反三，它是举百反一甚至举千反一。建议各位同学：保持好奇心。可能未来人和 AI 之间最根本的一个区别就是人有好奇心。

谢学宁 讲得太好了！从黄总的演讲里，我们看到，AI 时代带给我们人类最大的红利，或许就是更加彻底地放飞想象力、解放生产力，让我们人类可以摆脱很多自然束缚的桎梏，也必将催生更多的创业者和企业家。我们的孩子无论怎样，今天的学习都是为了明天的工作，到底是就业好还是创业好，这个问题是见仁见智的。但是我想如果一个人具备创业的本事，像黄总这样的就业实际上是轻而易举的。黄总的分享带给我们很多教科书上学不到的经验和智慧，值得我们细品。再次感谢黄总。下面，我们将请出一位与我们现场小朋友最近的嘉宾，我说的是年龄最近啊！他就是我们盐外 2023 届的优秀毕业生陈亿。大家知道，我们盐外 2023 年的中考包揽了全区的前 12 名，我们陈亿同学也是一名优秀的毕业生，他现在就读于深圳中学国际部，他将带给大家一份关于《拥抱 AI 与珍惜当下》的分享！有请！

陈　亿　非常幸运，离开盐外八个月之后还能在这么熟悉的环境，享受到如谢校所言的大格局提升的体验。作为学生，我们能看到的关于 AI 当下的一些潮流，比如 ChatGPT、IBM Watson、Sora，尽管这些 AI 技术目前来看还不那么完美，但它们的出现已经给我们人类的工作、生活和学习带来了极大的便捷与高效。比如，我们经常会花费很长时间来做一些低效的笔记的抄写和梳理，我们经常会面对一些很冗杂的事情，不想去做，或者说做这个事情的边际成本是要高于边际效益，我们中考每门学科有 12 本书需要画重点……这时，AI 就可以像一位随问随答的私人家教，无论是给《海底两万里》梳理情节脉络，还是攻克初中英语语法重难点，AI 的加持会将一切变得简便易行。事实上，在未来的工作场景中，AI 运用更是无处不在甚至无所不能，比如就金融产品提供投资与风控建议，对人体器官运行状况的检测，制药研发中识别靶分子，甚至还可能以特殊的方式影响政治。事物都有两面性，AI 在彰显其积极意义的同时，也带来了不少关于人类安全以及道德风险上的隐患。所以，我们还应该思考 AI 是机遇还是危机。一个大家特别关注的现实的问题是，AI 有着更高的工作效率，那么它是否会导致大规模的裁员、降薪和失业？其实，我们可以在回望历史中找寻理性，英国和美国的工业革命都有引发过结构性失业这种社会问题，那么我们是不是因为它有引发这些问题的可能，我们就不去拥抱 AI 甚至放弃 AI？当然不是。我们应该做一个权衡，就是要顺应发展的潮流、紧跟时代的步伐，以正确的姿态来拥抱 AI。现阶段最该做好的就是“珍惜当下”，我们的考试、我们的学习、我们的升学，这都是我们的当下。面对这样一个高速发展的时代，如何珍惜当下？首先，就是珍惜我们与生俱来的创造力，特别是在 AI 不擅长的领域，比如我们的思想。同时，还要努力成为更加全面发展的人，培养体育、艺术兴趣爱好，塑造一个良好的精神底色，这是 AI 做不到的，正是因为 AI 做不到，我们才更需要去珍惜它。我也非常认同谢校长的一个说法，就是盐外要培养的是重器而非考试的机器。最后，我想送大家一句话共勉：AI 时代，我们要利用好时代赠予的礼物，尽力做好每一件事情，努力成为更优秀的人，再用取得的成就回馈社会。

谢学宁　感谢陈亿！他给我们带来了很多贴近学生当下生活的思考和建议。而且，据我所知，欢迎大家指正，陈亿也创造了一个纪录，至少是深圳市的一个纪录，就是在 16 岁、高一的年纪，就有机会在这样高规格的场合，与一众大咖同台亮相的纪录！所以，各位同学，各位家长朋友，在盐外，我们会尽可能地为孩子们创造各种高级的平台，让孩子们看见更大的世界，也让孩子们的优秀被看见！活到我这把岁数，在教育行业也浸淫多年，应该说见过的名师数不胜数，但是真正让我敬佩的牛师却凤毛麟角，但是，我们下面即将出场的这位重量级嘉宾，就是实至名归的牛师！他身上至少有三头“牛”：一是老师牛，师承中国现代文学界最纯正最稀缺的文脉；二是自己牛，从 2021 年开始，每年一部专著成为语文教育界不可忽视的存在；三是他教的学生牛，很多学生经他的点化，都挖掘出极大的潜能、绽放出极致的光芒！他就是我们的教育作家张博老师！他将带给我们关于如何“做 AI 时代的‘马克思’”的分享。

张　博　感谢校长，因为我跟家长朋友接触比较多，很多其他学校搞招生宣传，都是提前拿到一个学校内部的成绩表，然后一个个打电话，各种诱惑和许诺，好像天天在搞阴谋，但是我们学校喜欢搞阳谋，所以也是一个非常特别的存在。两周前，我接到谢校的邀请，就跟我的学生说，老师要去参加一个以“AI 时代的教育主动权”为主题的活动，讲点啥，大家给我一个题目。我的学生梁昊铭马上响应，“要不就讲《做 AI 时代的“马克思”》吧？”我说“成交”，虽然当时我也不知道怎么讲。（笑）既然是 AI 相关的主题，我拿到题目后首先干的事情是，先问一下 AI 会怎么讲。我就请学生设置关键词用 AI 搜，AI 提供了一个方案，但实操性不强。接着，我又请学生不断优化提示词搜，随着提示词的精细化，这下不得了了，AI 直接来了一个完整的文案，虽然距离我的期待肯定还有很大的距离，但是已经显示出 AI 的厉害了。除此之外，AI 还有很多厉害之处，比如远程看病、影视制作、扫地做饭，甚至用很短的时间写出一部 100 万字的网络小说。尽管如此，我对 AI 时代的一些基本看法是：一、人工智能是不可逆转的历史趋势，必将带来各行各业大洗牌，重塑市场竞争的新型态新格局，这对未来卓越人才的素养与能力提出了更高的要求。二、AI 无限接近于人只是个时间问题，但社会运转的金字塔逻辑不会因 AI 而改变。青少年在 AI 时代做成长的主人，既要重视对前沿科技的学习与运用，更要注重思想力、创造力的培养与锻造，因为“人”才是人工智能最大的主导因素和进化力量。三、AI 时代只有两种人，一种是 AI 的主人，一种是 AI 的韭菜人，人们畏惧 AI，主要是因为大多数人傍身的技能都可以轻易被取代。四、屠龙刀可以拿来杀生，也可以拿来切菜，AI 时代教育主动权首要的不是技术主动权，而是思维主动权。五、AI 重新定义教育内涵和节奏，最该为孩子下好战略先手棋的是找一位大师当导师。这样的导师，我首推马克思。为什么要推荐马克思？因为 200

多年来出现过那么多风云人物、英雄人物，但是马克思是无与伦比的存在，因为他身上具备了在人工智能时代领军人才应该具备的三大基础力：一是格局与使命力，二是学习与创造力，三是情绪与意志力。马克思在 17 岁的时候就写下了“为人类福利而劳动”“面对我们的骨灰，高尚的人们将洒下热泪”这样的誓言。AI 时代，梦想有多大，成就就有多大，因为技术帮我们解决了大部分的麻烦。他一生著述宏丰，23 岁就拿到哲学博士，而且研究哪个领域就成为哪个领域最顶级的专家，其学习与创造力可见一斑。他在遭到反对派当局的驱逐，在面对所有家当被查封差点无处可住，在贫病交加的时候，依然有顽强的意志。当然，马克思是不可复制的，我们说“做 AI 时代的‘马克思’”指的是要成为马克思那样的人。我们如何成为马克思那样卓越的人呢？一切意义、成就、世界，它都是用语言建构的，我们要做 AI 时代的“马克思”，最应该抓住的牛鼻子是“写作”。因为写作具备以下几种功能：一是倒逼阅读、促进思考，二是锻造系统、自觉卓越，三是汇聚灵气、开发潜力，四是沉淀作品、提振信心。关于中学生写作需要注意什么，我这里从三方面展开：一是应试写作要快，二是创意写作要活，三是实用写作要高。……

谢学宁　感谢张博老师，还有我们深圳电视台、《南方日报》的记者，也来到了我们的现场，我们对你们的到来表示热烈的欢迎。从张博的分享中，我终于知道他为什么年纪轻轻就这么成就斐然了！原来他在大家都在墨守成规、按部就班的时候，很早就下手，自觉将 AI 的原理运用到写作实践与教学研究中了，而且，我们都可以看到，他已经摸索出如何让自己变成 ChatGPT 的完整模型与配套举措了！这对我们快速地掌握应试技巧，探索更加高阶的思维训练大有裨益。我们盐外一直秉持一个理念：中考考得好只是低保，让孩子们视野广阔、灵魂有趣，才是本事。所以我们要压缩中考应试的学科教学时间，把腾出来的时间，给孩子们做一些素养的拓展。刚才张博老师因为时间关系不能够做充分的发挥，没关系，能够有缘到盐外新初一的孩子们，我这里预告一下，会前我跟张博老师已经基本上谈妥了，他将亲自在我们盐外新初一年级开一门《创意写作课》的选修课，作为我们盐外强基计划 2.0 版——“未来领军人才卓越成长计划”的重要组成部分。再次感谢各位嘉宾的精彩分享，下面我们也不休息了，直接进入论坛第二个环节“现场互动”，有请各位嘉宾移步台上。现在我手上拿着工作人员整理的一些线上线下的有代表性的问题，现场与各位嘉宾互动，时间宝贵，我就尽量不发挥了。第一个问题，比较好玩，请教许光华先生：如果您在电梯里偶然遇上任正非，只有 40 秒时间，您会跟他怎么打招呼？

许光华　这是一个很有挑战性的问题，如果只有 40 秒时间，我可能会先花 20 秒大概讲一下我们在做手机上的操作系统，在做单框架鸿蒙，希望推广到全国，希望应用以后适配我们的系统。剩下 20 秒我希望快速问他一下，未来操作系统到底要怎么发展。我们现在是把控三个方向：一是多设备连接，二是服务轻量化，类似于微信小程序，还有一个我们主做的方向就是今天提到的 AI 智能化，请他指引一下后面的系统重心应该往哪个方向发展。刚才张博老师的分享也给我们提供了很多思路，因为写作，包括公司里的一些汇报工作内容都非常需要很有结构化的思维和很结构化的语言组织。

谢学宁　谢谢许光华先生。第二个问题，这个问题比较尖锐，请教黄总：码隆科技致力于智能商品货柜的研究，更以精准识别技术见长，现在有什么比较难攻克的技术难关？

黄鼎隆 货柜是我们过去的一个产品，现在我们有更多的场景，比如 AI 和教育的结合。至于您提到的这个技术难题，其实在我看来，技术问题都是能解决的，尤其现在 AI 的技术进步得非常快。我觉得，更重要的问题是商业落地的问题，或者说怎么找到技术跟市场需求的匹配问题。这个世界上不缺新的技术，缺的是有用、能产生价值，还能够产生商业收益的技术，这个才是关键。

谢学宁 谢谢黄总。下面的问题，我们请高教授：对 AI 专业知识掌握不多，可否用 AI 创业呢？

高　庆 创业的话题黄总更有发言权。不过我觉得也是可以的。我们可以把 AI 当成一个工具，不需要掌握太多的知识，比如说现在流行的 ChatGPT，或者是其他一些大模型，我们可以先和它们对话，请它们给我们提供一些建议，再结合我们的辩证思维加以甄别判断取舍，然后再把一些人工智能软件当成我们的工具进行创业。

谢学宁 还有个问题继续追问高教授：AI 时代，人类是否还具备离开 AI 的可能呢？

高　庆 我觉得这是个非常好的问题，这个问题我们需要辩证地看。首先，我们离开 AI 肯定是可以活着的，古代没有像这种 AI 的技术，我们照样能够活着，做我们想做的事情。但是，现在 AI 已经融入了我们生活方方面面，是不可逆转的趋势，如果我们想融入社会，不想脱节，我们就离不开 AI 技术，可能还越来越离不开了。

谢学宁 请问许光华先生：在未来，人会变得更像 AI，还是 AI 变得更像人？

许光华 这个问题很有探讨性。我可能会首先从我们公司在做 AI 相关产品的角度，希望把 AI 做得越来越像人，比如我们在做小 e 助手这样的 AI 产品的时候，肯定是希望这个产品不仅好用，也希望用户爱用。当产品具有一定的拟人化，能跟用户产生情感共鸣，用户对它是最有黏性的。所以我们致力于让 AI 的能力像人一样能看懂，也能说话，语音越来越像人。在做这个过程中，人会不会越来越像 AI？这和老师与学生之间的教学相长有点类似，人在训练 AI 模型的时候，很像学校里老师跟学生的一个交互的过程，老师也是有可能越来越像学生的。张博老师提到，同样是写作，我们首先教会了 AI 写作，但是后续提升写作能力的时候，我们或许也能发现更多我们超出 AI 的一些方面，所以不仅仅是会像 AI，而是能发展出一些跟 AI 差异化的能力。

谢学宁 谢谢许光华先生。下面的问题请教陈亿学长：面对 AI 时代，你如何规划自己的未来？

陈　亿 这是个非常现实也非常长远的问题，我尽量用简洁的语言来寻找自己人生的路径和 AI 的一个交点。我对经济学比较感兴趣，那么我就把我的志向并在所谓的交点处，比如说金融科技，将 AI 大模型运用在经济金融研究。我现在处在高中阶段，就利用好现有的资源，像深中机器人实验室、华为实验室、腾讯实验室，尽快地探索出一个未来的路径。

谢学宁 这里我想给陈亿同学提一个建议，我们盐外要培养那种顶天立地的人，建议你在做规划的时候，心大一点、“野”一点，立志成为诺贝尔经济学奖获得者这样的人，被美西方封杀也不怕。（笑）好，最后一个问题，有同学请教张博老师：AI 写作有哪些不足或缺陷？克服这些缺陷以后，AI 写作是否就能够完全代替人类写作？

张　博　回答这个问题必须要明确一下“写作”的边界，我刚刚的分享中姑且将写作分作应试写作、创意写作和实用写作三类，我们习惯上称作文学创作的写作，我将之归于“创意写作”这个范畴。尽管现在用AI写出来的很多作品，尤其是需要创意和抵达人心人性的微妙之境的作品，基本上都不能看。但是，从长远来看，AI写作对于搞研究、搞项目的人来说，是一个非常好用的工具，一下子就可以将人从无序中理出一个思维框架出来，随着技术训练的持续推进，AI在工具性写作的水平还会更加强大。但是，我不认为，AI能完全代替人类写作。这里尤其要提醒大家，整个社会，对写作有较高要求、能比较高级地驾驭文字、体会到文字之美的人，其实不是很多，这就容易给人一种错觉，文字能够抵达的境界不过如此。错！一个有广博学识、敏锐洞察、细腻情思的人，就像马克思这样的人，他的写作其实是其高贵灵魂和卓越远见的语言外化，是引领人类向着更大的愿景迈进的，这样的文字是有生命力的，大语言模型的训练顶多只能是形似，做不到神似。当然，你可以说，像我这样的人也不多，在AI浪潮的冲击下，我可能很快就被淹没，那这个不是AI写作代替人类写作，是机器人完全代替人，是另一个更大的问题了！

谢学宁　好，谢谢张博老师。各位同学、各位家长朋友，愉快的时光无论多长都是短暂的。今天，我们的嘉宾知无不言、言无不尽；今天，我们的孩子格局大开、收获满满。由于时间关系，我们还有很多问题来不及探讨，但是这些问题会成为我们盐外AI课程的宝贵资源，所以，大家都是盐外的共建者，当然，大家的参与也会让包括我们自己孩子在内的众多盐外孩子共享到这份学校的探索与发展红利。今天，我们谈论的主题是AI，但事实上，如果将这个话题放在更为长远的人类文明的历史视野来观照，其实不过是在讨论，人类在又一轮重大技术变革中将会怎样和应该怎样。尽管AI重塑人类世界和未来的深刻程度，很可能是历史上所有技术变革相加的总和，但是，正如刚刚嘉宾所言，他依然改变不了一个大前提，那就是，“人”是人工智能最大的主导因素和进化力量。很多人担心，机器人也可以拥有人的情绪功能，但那终究是基于既有经验的模仿，可能乍一看也蛮好玩，对于个别群体也能解决不少实际的需求，但那终究是不得已而为之的权宜之计，真正高妙的体验，还是在高妙的活人之间才能产生！所以我们要有“人类自信”。当然，如果我们不积极拥抱这种变化，不尽早具备化解这种趋势的能力，我们就会成为被AI最先取代的80%。为了顺应这种时代大势，我们盐外将对育人体系来一次全新的重塑，盐外不是“当一天和尚撞一天钟”的盐外，盐外是有着打造世界一流名校雄心壮志的盐外；盐外不是“培养小镇做题家”的盐外，盐外是为孩子一生的成功和幸福奠基的盐外；盐外不是“唯成绩论英雄”的盐外，盐外是琢玉成器、成大器而非机器的盐外；盐外不是“躺在成绩簿上吃老本”的盐外，盐外是永远坚持“与时代同步，与学生同心”的盐外。也许现在大家感受没那么强烈，再过十年，盐外的学生和其他学校的学生放一起，差距便显而易见，因为他的格局、气场、能力、文化基因不一样。今天的活动到此结束，感谢大家的热情参与，祝愿大家吉祥顺遂，天天开心！

面向未来的教育[6]

——“生涯规划”圆桌论坛思想荟萃

谢学宁 教育是社会文明延续的工具，好的教育必须与时俱进。在人工智能时代，在 ChatGPT 对于传统教育模式形成了全面的倒逼和重塑的今天，我们应该如何认识教育，展望未来，定义人才呢？

程红兵（上海精锐学校总校长） 这个话题非常大。科技的变革会带动我们对教育的深层次思考。诸如此类的问题其实真的无从下手，ChatGPT 出现后，我们突然发现，我们对知识的认识，我们对培养目标的认识，我们到底应该培养什么样的人，产生了很多联想，这些联想其实除了 ChatGPT 的发布，最近两天美国国会议员们在质询海外版抖音 TikTok 的 CEO 也是一个大的背景事件。抖音和传统的互联网企业，如腾讯、阿里巴巴、百度相比，其技术维度相对更高。它意味着

6 本文为 2023 年 3 月 17 日学校开放日系列活动之“生涯规划”圆桌论坛的文字摘选，出席论坛的专家有北京中学校长夏青峰，上海精锐学校总校长程红兵，广州天省实验学校校长彭建平，深圳外国语学校高中部执行校长谢志光，《中国教育报》北京记者站站长施剑松，华大集团党委书记杜玉涛，中兴发展总裁助理凌敏，深圳市盐田区教科院李天才院长，深圳市资深律师邓每邦，教育作家张博，复旦大学博士李凌，以及盐田区兄弟学校领导。论坛分科技革命与教育变革、未来学校和学生发展两个阶段来展开。

改变本身在不断地升级，以前是选择改变世界，以 BAT 为代表的传统互联网企业，它最大的特点是把所有东西摆在我们面前，让我们任意挑选。抖音、TikTok 的出现，最大的特点是算法，算法时代很有可能会制造“茧房”，让人会变得越来越懒于思考，从而越来越愚蠢，同时还会导致人的异化。数字化也很有可能导致人的异化，每个人可能只是一个零部件而已。有识之士其实对技术的双刃剑的性质已经认识得非常清晰了。其实早在 8 个月之前，ChatGPT 就已经出来了，人们担心，发明者也担心，公司高层也担心，它会不会有很多负面影响，一直在验证，所以推迟 8 个月才面世。

著名思想家哈耶克在《科学的反革命》一文中提到，那些试图用科学的方法掌控人类社会的人，把每个人都当作毫无生命的原子，他们是彻头彻尾的伪科学主义者，他们熟悉科学却完全忽略了科学的基本前提，因此这是对科学的反革命。我们一方面要用热情拥抱新技术，但是我们也要对技术本身抱有足够的警惕。如果不对科学思维全面进入人类社会加以警惕，就会消解伦理道德、驱逐价值判断，最终必然会将人类社会引向奴役之路，受技术奴役。未来社会的发展趋势，我以为是自选加推送，我们需要推送，但不需要作茧自缚；我们需要自选，但也要适度推送；我们需要算法，但不能沦为算法的奴隶。学校教学一定会在范式上发生变化，走向教学范式的现代化，未来教学的基本范式就是自选加推送，规范达标需要推送，但每个孩子实际情况不一样，所以需要推送但不需要“茧房”，避免“茧房”有个重要方式和策略就是自选。个性资源需要选择，需要我们孩子进行选择，需要我们家长进行选择，需要我们每个老师也要做慎重的选择。技术的变革它一定会带来课堂教学、课程教学的现代化，从经验性的教学慢慢走向实质性教学，从标准化教学走向个性化学习，从传统式教学走向现代化学习。经验性教学走向实质性教学，就是实时采集教学当中的动态数据，借助 AI 智能，借助大数据的相关知识，很快地把握住孩子们在课堂当中的现实表现。及时统计分类，然后加以数据分析，老师可以及时地做出相关的调整，教学的有效性将大大提高，不需要做这么多莫名其妙的题目了。所谓从标准化教学走向个性化学习，我们知道每个孩子是不一样的，个人发展基础不一样，兴趣空间不一样，学习内容、学习方法也应该因人而异。所谓课程教学从传统式走向现代化指的是，人工智能技术、虚拟现实技术，增强现实技术，这些东西运用在我们课堂教学当中。事实上，我们现在有些学校已经做了有益的尝试，取得了阶段性的成果。

彭建平（广州天省实验学校校长） 我今天就新时代重塑教学操作系统跟大家做一点分享。孩子们现在所具备的能力很多不是来自课堂，不是来自老师，而是来自个体本身，来自在课堂以外的各种学习。随着人工智能时代的深化，未来的课堂、未来的学习方式、未来的评价方式都会跟今天不一样，或许即使一样，它也有很多不同的评价维度，所以，我们今天应该在大脑和教学、学习的行为上，不能去暗示，更不能去设限。我们要从过去的等待老师教学模式，转到自己去主动学习的模式，由自己在课堂获取知识的方式去转变到离开课堂，在互联网上，在其他的途径上去获取知识。我们需要有一种新的思考，虽然我们今天采取了许多的方式来限制大家手上的那台手机，但是它永远不可能限制你大脑的思维。我们应该把互联网视为一种工具，而非一种不可去接受的东西，我们要创造更多的通过技术来满足于我们每一个学生个体需求的个性化的学习方式，我们改变的不是学会知识的方式，而是学会更多的思考问题的方式。当然，这需要从更高的层次去认识我们原有的教学流程。我们要根据数字时代学生的学习思维方式重塑教学系统。在这个系统中，孩子是主体，他们既是知识的获取者，也是知识的创造者，在创造知识的过程中，他们跟老师一起在提升智慧。当然，面对新的学习趋势，老师肯定要有不同的变化。未来，老师的职业属性将会淡化，不再局限于学科老师，会产生一种“共享教师”，来自社会的所有精英，包括住在你身边的家长，曾经他不是一个专业的教师，但他有我们所需要的知识，就可能成为我们的老师，这样才有利于我们拓展学习思维和学习边界。在人工智能时代，学校已经不再像今天有围墙围住了，学校只是物理空间、网络空间、人际空间等三维空间的一个节点，当然也可以是一个包括三大空间的独特的成长体系。未来是什么样子，我们也许不知道，但是未来已来是个不争的现实。ChatGPT 的产生并不可怕，老师们不会失业，因为它仅仅是技术，可以帮助我们改善教与学的方式，让我们的老师有更多的精力，更多的时间去思考如何去提升人的智慧。我们相信：课堂的中坚力量永远是充满着激情，不断探索、对于孩子们能够带来充满着审美、充满着智慧和充满着想象和坚定信念的老师们。在这样的老师们的带领下，孩子们的未来一定会朝着卓越的航向扎实前行。

谢学宁　各位家长，还有我们在座的同学们，因为我们可能是要参加广东省的全省统一中考，所以我觉得我们听一听省会城市知名校长的分享应该是非常有意义的。两位著名校长的发言，我非常有同感。我们盐外有个理念叫“琢玉成器”，但是这个“器”。我觉得应该是大器重器的“器”，学生不应该是一个只会刷题、考试、做作业的那种机器人、工具人，那么你就变成了小器、机器的“器”。我们盐外作为一所有担当的品牌学校，应该要培养全面发展的、顶天立地的人物，而不应该仅仅培养一个只会混口饭吃的工具人、螺丝钉。我们说条条大路通罗马，但是我们深圳的孩子其实一出生就已经在罗马了，跟我们这一代为了生存、为了改命而奋斗的光景完全不一样了。“小镇做题家”那一套有益成分，我们要批判地借鉴，但是如果把考试、刷题、作业当作初中三年基础教育的全部，我觉得，这是对我们孩子发展空间的扼杀。说得严重一点，就是一种犯罪。所以我们盐外一直坚持“为学生终身可持续发展奠基”的理念，让每一个孩子都能获得最大限度的尊重、关爱与成长。来谋划教育如何在初中阶段为孩子们打下职业素养和核心竞争力的扎实基础。我们继续聆听专家的思考。

杜玉涛（华大基因党委书记、科学家） 在我看来，初中是人生非常关键的阶段，但教育是学校、社会和家庭共同要承担的责任，这里面可能家庭的责任会更重大，所以我希望家长们从小就重视培养孩子的好奇心，对这个世界、对未知知识的好奇心，以及树立起终身学习、终身成长的理念。教育不单纯是小升初、初升高甚至高考，而是会贯穿在全部的生命过程当中。我现在也在不断地学习，还要思考新的科技革命，ChatGPT 出来对我们已经在这些领域从业多年的人会造成什么样颠覆性的影响，但是我相信大家只要保持这种学习的心态，保持不断学习和进步的状态，那就不用担心有一天被人工智能超越。刚才谢校介绍了一下我的个人背景，可能从百度里看到的，有很多所谓的光环，但实际上，我并不是大家尤其是家长们认为的从一开始就是尖子生。我现在在华大做科研，曾经也是全球第一批手工克隆猪的创造者，国内第一批手工克隆猪和克隆羊也都是我做的。当然因为大家听到我的介绍知道，我还是集团的党委书记，我党建做得也还很不错，我是十九大、二十大的党代表，去了两次人民大会堂；我也带研究生，我是研究生导师；我也是上市公司的高管，要负责企业的运营，要去赚钱养活这一大家子人。我的职业背景是非常多样的，但是如果追溯到我小学的时候或者是从小受到的教育，我并不是传统意义上的一路上重点小学、中学、高中甚至大学，不是，我是在一个还不错的学校里比较中上游的、比较努力的学生，当然我这个努力是贯穿我整个人生过程中的。我也见到、听到过很多天才少年，小时候非常厉害，但是可能一开始用力过猛，在漫长的人生过程当中会逐渐地失去它的光芒，失去它的色泽。我想对所有家长，尤其是同学们说一句话：人生非常长，要把你的精力在整个人生发展的过程相对均匀地分布。你大学毕业面对社会的时候，你的压力和你的成长和社会大熔炉对你的锻炼，才是你更需要注意和更需要注重的。我们更多地要去锻炼孩子们的综合学习能力，以及将来走向社会、面对挫折的这种抗逆抗压的心理。

成长是方方面面的。离我们盐外一街之隔的华大现在很有名，但实际上华大也不是从一开始就光芒万丈。我个人的经历就很像华大发展的一个缩影。华大成立一开始是为了代表中国承担人类基因组计划，起步是非常艰难的，因为我们是个民营的科研机构，想干一件顶天立地的大事，心很高，但实际上面临的阻力和挫折非常大。我们一步一步地把这些困难都克服掉，而且我们从一开始面向的就是世界生命科技的最前沿。在这个过程中，我们经历的所有困难，我们都想办法去克服了，而且在华大发展过程中，教育也一直是一个非常重要的板块。我们有自己的教育中心，跟国内外高校、研究所联合培养从本科到硕士到博士的综合性人才。我们有很多员工是大学没有毕业就加入华大了，或者说，大学只学习一年的基础课，剩下的都在华大参与科研项目，所以我们就有了曾经在社会上颇为轰动的大学生就拿 *Nature* 封面文章的故事。如果大家能够保持一个终身学习的状态，保持一个对这个领域的好奇心，就能够快速地在这个领域有所成就。这也是我一直在强调的，我们需要培养孩子的是终身成长的能力和终身学习的能力，当然在这个过程中身体健康是必不可少的。我到目前依然很看重的两件事情，就是我不管工作多么繁忙，但凡有一点时间，坚持运动和读书。所以也希望在座的学生和家长们把对孩子的培养和要求的时间线拉长，用对孩子一生负责的态度去培养他们全部人生过程中的学习理念和成长理念。我当时听到谢校说反对同学们成为刷题机器的时候，我非常感动，我希望现在的孩子们有更加丰富的生活，像我们小的时候一样更多去亲近自然，更多地去体验人生的美好。大家如果去华大官网上看董事会成员，你会发现我们的高管团队里，毕业于耶鲁、哈佛、北大、清华这样顶级名校的也不多，虽然他们起点一般，但都能花十几年二十年在一个方向不停地深入坚持，然后走到了大家面前。素质教育是终身学习的过程，我们每个人都要为自己的人生和终身的成长去负责，而家长也是孩子最好的老师。如果我们能够跟孩子一起在课余的时间有读书有学习，我相信对孩子的影响和效果也会更好。

凌　敏（中兴发展总裁助理）　很高兴既作为企业代表，又作为家长代表来跟大家分享交流。我是国内985大学本科毕业，然后去英国又接受了一年的硕士教育，不能说中西合璧，但是我确实对中方的教育跟西方的教育有对比，有思考。作为中兴发展的总裁助理，我也经常参与到企业关于人才的讨论。作为一个上市公司，我们每年的校招比例在2.3%左右，也就是说，几千人的简历中，可能也就几十个人入选，淘汰率非常高，要求是非常高的。我们观察这些被选中的孩子，他们身上一般都具有五大比较突出的特质：一是非常扎实的基础知识；二是能够长时间地专注；三是对自己有比较正确的认识；四是对未来有清晰的规划；五是有比较好的表达能力跟合作能力。因为时间关系，这里不展开说，但是我还是想强调一下，一个人光有一些人人都有的基础能力是没法适应快速变化的时代的。人工智能时代，人的合作能力、沟通能力、创造能力、审美能力、战略思维能力、项目管理能力，都是很重要的竞争力。当然，除了这些能力，孩子身心健康也非常重要。我知道一些真实的例子，孩子爸爸是某知名公司高管，妈妈是上市公司的CFO，可以说是精英家庭，自己也是学霸，就是因为跟父母的一个小小的不开心，就直接从高楼跳下去了，所以孩子的身心健康其实是我们除了学习以外更要关注的一个课题。我个人建议初中家长要特别关注几个点：一是价值观的塑造，孩子是父母的一面镜子，你内心认同什么，你觉得什么样的人适合交朋友，你怎么对待自己的父母，你平时怎么跟人沟通交流，怎么处理身边的社会关系，孩子是能感受到的。二是孩子的时间管理，或者说构建他的时间管理习惯，尽量在学校就完成所有的作业，有额外的时间要去做自己想做的事情，发展兴趣爱好。三是培养阅读习惯，这对知识的沉淀非常重要。四是养成运动习惯。养育孩子是父母的一场修行，无论社会时代怎么变，根基打好了，孩子会有持续学习和更新换代的能力，希望在这场修行中，父母跟孩子都能各自独立、相互成长。

邓每邦（律师） 有研究表明在未来的10年到20年里面，有50%左右的工作在美国会被机器人取代，这些行业涉及销售、建筑等行业，如果单从文字表述，可能各位不能够很深刻理解这一个问题。我举一个实际的例子，就以我律师行业为例，现在我们的行业有一些软件，比如说一个交通事故的案件，只要你输入伤者的年龄、收入等一些基本信息，这些软件就能够协助你们去查询你能够获赔多少钱，这是最基本的。甚至如果更智能一些，软件还能够帮你检索，你如何去索赔，到哪个法院去起诉，以及以谁为被告、涉及的法律条文。也就是说，在某种程度上这些软件能够干一些律师才能干的活。那么除了律师行业，相信其他很多行业也是类似的受到智能化自动化的冲击，那么我们应该如何做才能够应对这一些智能化自动化的冲击？我挑选了个人认为比较重要的三点：一是有敏锐的政治敏感度，也就是要及时了解党的路线方针政策，了解一些时政信息。政治敏感度对于学生意味着什么？很多学生都是抱着两耳不闻窗外事，一心只读圣贤书的一个想法在学习，但是这个观念其实是落后了，因为现在随着社会的发展，很多东西都在不断地更新，我们应该做到的是家事国事事事关心。二是学会选择，还是以律师行业为例，从报读法律专业到最终拿到律师执业证，顺利的话，需要花 6 年至 7 年的时间。如果你选择不对，在中途退出了法律行业，那么你丧失的将不只是时间，甚至会影响到你一生的进程。其他行业同样如此，如果你最终从事的行业并非你当初所选择的行业，那么你就得重新学习，你所花费的时间跟精力会更多。三是终身学习，可别指望抱着一个学历就可以混一辈子饭吃了，这世界唯一不变的就是变。比如说我们行业每年也会出现很多新的法律条文，就连 2020 年民间借贷的司法解释，关于利率的规定，半年内已经更新了两次，而且是彻头彻尾的一个更新。其他行业更新频率也会很高，稍不留意，就会发现比身边人落后了一大截，所以说一定要坚持终身学习。

谢学宁　今天，我们特意邀请了北京、上海、广州的名校长，和深圳本地的知名校长盐外论道，可以说是北上广深一线城市校长的思想盛宴。上海的程校长、广州的彭校长都围绕科技革命和教育变革做了精彩的发言，我本来还想进一步追问他们，所在的学校进行了哪些具体的教学改革来迎接新一轮科技革命的挑战。但因为时间关系，我们不得不压缩一下，我只能私下里再向两位校长请教了。下面，我们想请台上的五位嘉宾就“学生发展与生涯规划”这一主题，用简短的一段话，给我们在座的家长和孩子们提供一个做好长远的升学和职业规划的建议。

程红兵　在这个日新月异的时代，我们的家长要从容，要着眼于未来。孩子的终身发展最重要的关键素质，除了知识的更新、思维能力的培养、健康情感的培育之外，想象力的培养也非常重要。想象力有助于我们的孩子稳妥地立足于未来社会。

彭建平 要学会如何敬畏生命，学会如何热爱生命，学会如何让自己的生命活得更有意义，活出自己的精彩。

杜玉涛 但是在更大的人类发展周期的视野下，科技革命是一定会在不同的时间点出现的。大家现在看到 ChatGPT 对我们的颠覆，但是未来一定还会有更多的、会超乎大家想象的革命出现。家长和孩子们怎么应对这样的变化，校长们都给了很好的建议，我想说的是，培养孩子的热情和好奇心非常重要。如果孩子对生物或者相关行业和科技有兴趣，就让他最大限度地去激发自己的兴趣。不用担心选错行，这个行业是不断变化的，他可以在不同的阶段找到不同的可持续的兴趣点和热情点。兴趣是最好的老师。

凌　敏 春雨润万物，人间朝气生。不同的年龄一定要做不同的事情，千万不能拔苗助长，朝气的年龄就应该做朝气的事情，希望每个孩子在不同的年龄都能成为最好的自己。

邓每邦 孩子在做选择的时候，除了要考虑个人喜好，还要结合时代趋势，并且坚持终身学习。

谢学宁 让教育与时俱进，让学生人尽其才，说到底还得落实到我们的学校老师和家长该怎么样做，才能够让孩子的潜质早早地被发现，并且有针对性地因势利导。第二阶段的圆桌论坛将围绕这些话题来展开。有请各位嘉宾上台。

夏青峰（北京中学校长） 第一次走进盐外，深深地感受到一种和谐的氛围，感受到我们校长、老师那种浓浓的教育情怀。今天，跟大家简单交流一个话题——“让学生创造性成长”。我现在讲的可能更多是站在校长的角度去理解学校，但其实也可以换位家长的角度去进行家庭教育，道理是相通的。

让学生创造性成长包括三个原则、四个措施。第一个原则，考上什么样的大学不是目的，成长为什么样的人才是根本。考大学很重要，但是考大学只是手段，如果考大学跟我们成长为什么人发生矛盾的时候，我们一定要注意谁是手段，谁是目的，不能颠倒。第二个原则，用确定性应对不确定性。科技革命发展太多了，我们去拥抱它、去追寻它，但是也不用太焦虑，为什么？你把现在的革命拥抱到了，下一个革命又来了，我们永远处在追求变化的过程中。以确定性来应对不确定性，首先让人成为人，让自己成为自己，让世界因我更美好。第三个原则，过什么样的生活就是接受什么样的教育。我们希望孩子成长为什么样的人，就想方设法地让他过上这样的生活。我们希望孩子阅读，那么咱们家长就开始在家里天天读书，孩子自然而然去阅读了；我们希望孩子参加体育锻炼，咱们家长天天跑步天天锻炼，孩子自然而然会锻炼；我们希望孩子成为一个创新型人才，我们可以把很多生活的东西变成创造性的东西。“四个措施”包括：第一，坚持对美好的向往。我们希望孩子有内驱力，可以通过强制和恐惧让他产生内驱力，也可以通过功利性竞争让他产生内驱力，但是我们更希望通过美好的向往让孩子们产生内驱力，这是最持久的动力。希望孩子们不要总是在执行家长的决定，更重要的是让他去策划、去领导这项工作，从执行者变成领导者，从好胜走向好奇，孩子们对科学对知识本身的探究欲望便会伴随一生。第二，营造“致中和”的校园生态。这对于培养学生的平衡智慧和包容品格大有裨益。第三，改革供给侧激活需求侧。

我们经常说要给孩子以“鱼”或者以“渔”，但更重要的是，要把孩子们引向一个宽广辽阔、有风有浪的渔场，让孩子们亲自下水去捕鱼，他才能真正体会到那种知识、方法、情感、价值等等。第四，致广大而尽精微。我们希望孩子们目标远大，但是一定要从小事做起，我们要把孩子的志趣想方设法地融合在一起，培养他自强不息的精神。我在我们学校做了大量的行走工作，让孩子们不断地走进自然、城市和文化深处，他的毅力，他的很多兴趣都会建立起来。

施剑松（《中国教育报》记者） 主办方问了我一个很巧妙的问题，教育记者眼中的好学校是什么样子。作为一个教育媒体人，在过去的15年的时间里，我每周至少要走一两所学校。以我的经验，如果你只有一个小时去了解一所学校，那么我给你三条建议：一问校长，今天您想着哪个学生？二问老师，学校的办学理念是什么？三问学生，你最喜欢哪个老师？这三个问题分别对应着学校管理的精细程度，学校教育教学的系统性以及师生关系的好坏。如果您有更多的时间去了解一所学校，那么我有一些认知想要跟您分享。第一个认知，我眼中的好学校应该是尊重少年儿童的天性、对少年儿童环境友好的地方。刚刚夏校长分享了对学生创造性成长的独特见解，我想说几个我去北京中学的感受。有一次我正在跟夏校采访，一阵风吹来，就是那种猛烈的突然的大风，夏校长把采访停了下来，然后立刻打电话给学校的后勤部门，你去检查一下我们有几处窗户有没有关。一个校长对于学校的状态的感知是如此的切身，这是非常打动我的一个细节。第二个认知，我眼中的好学校是能成为促进教育关系的纽带。教育本质上是各种关系的总和，校园当中有师生的关系，有同学的关系，有教师与管理者的关系，有家校的关系，有学校和社会的关系，这里面最重要的是师生的关系。我们的一个前同事曾经写过一篇文章，叫作学校的组成问题，可以在良好的师生关系中化解，我觉得这是一个非常中肯的意见。

师生关系已经成为全球公认的影响学生学业成就的最敏感的指标。我个人认为这些教育关系如果要达到一种和谐的境界，简单用两个字就可以概括——“信任”。教师用平等发现、积极的眼光对待班里的每个孩子，能有效地回应孩子发出的成长需求。校长和学校管理者要理解教师，每一个教师都有当好一个好教师的愿望，有把课上好的愿望，更有培育更多优秀学生的愿望。要尊重教师，尊重他们的意见和工作，并给教师提供自主发展的学习型组织，给教师自主发展提供必要的时间和空间，而不是用密不透风的管理来对待教师。校长也应该下沉到课堂，下沉到教师中去，下沉到学生中去，及时捕捉并响应隐藏在校园当中的需求。家校之间要守好边界，家长配合学校而不是过度干预。学校既有办好学开展教育教学改革的定力，也有迎接社会监督的底气。第三个认知，学校提供的课程不能止于获取知识，而是要激发创新。一个三年级的课堂上，孩子们在学不规则的图形，老师让每个人带来一片树叶测量周长，老师让孩子们回答，孩子们说找根线绕着树叶走一圈，然后再测量线的长度就可以，这正是老师所期待的答案，但是孩子的话没说完，孩子说这个算法误差会比较大，但是我发现我的拇指宽度差不多一厘米，围着树叶转一圈就能估算树叶的长度。那么我们的课堂上是不是应该多留一些时间和机会，让孩子们把他没有说出来的或者想说的话都说出来。现在已经进入了知识经济的时代，知识获取的方式更加多元和开放，ChatGPT 不停迭代，让大家不断反思学校和教育的价值。可以肯定地说，课堂的价值指向应该是培育人，而不是知识的积累。“今天的课堂价值就是 20 年后的公民素质。”学校能提供的最核心的资源是课程，学校在构建自己课程的体系时，核心价值观是什么？带领学校的课程呈现什么样的品质？我们的课程应该是站在未来，站在一个人成长的未来，站在 10 年后社会对人才需求来规划。每个学段都有自己的使命，我们的认知是，学段越低，责任越重大。真正的好学校就是要呵护并积极响应并引领这种好奇心。

李天才（盐田区教科院院长） 习近平总书记指出，科技是国家强盛之基，创新是民族进步之魂。前面各位专家，各位校长，各位行业翘楚讲得都非常有高度、有格局，宏大宽广。可能大家正沉浸于思考 ChatGPT 时代的人类未来，不过，我现在要把大家拉回到现实和眼前，虽然创新是一种时代共识和教育常识，然而，不少人甚至是我们的同行中也不乏关于在基础教育阶段，创新是否离我太远或是创新是否必要的质疑。实际上，创新离我们并不遥远，它就在我们身边，就在我们的生活日常，就在大家都能走到的地方，再多往前走半步的地方，因为创新在根子上是做事的思路和方法，是一种思想意识和思维方式。在人工智能时代的历史大潮下，别说不创新，就是创新少了、创新慢了，都可能让我们的孩子在未来激烈的竞争中处于劣势。所以，我们深感责任重大，着力于培育起服务创新的教育生态。主要的做法有：一是构建创新型人才培养体系，着眼学生对创新素养、创新能力的培养，推出区域性“六大少年院”机制，推动学生的个性化、高品质发展。二是扎实推进课堂革命，让学习更真实地发生，充分激发学生自主学习、创造性学习的潜力潜能。三是着力推进新时代家校共育，健全和完善学校与家庭协同育人机制的建设，为学生创新思维的发育培育更开明和宽松的优质空气与土壤。四是推动创新型教师队伍建设，利用盐田教育大讲堂、“四有杯”教师综合素养大赛以及各类海培机会，请进来、走出去，助推广大教师扩大创新育人的视野、提升创新育人格局、增强创新育人的技艺。五是推动优质教育资源的创新扩容，面向全球引进名师课程资源，邀请各领域的领军人物传经授课，让广大盐田子弟在眼界上走出小盐田，拥抱大世界。我们这些探索已经初见成效，盐田学子的获得感、幸福感在全市、全省乃至全国都是很强的。当然，我们还会继续努力，努力为每一个盐田孩子都培植起一份创新的基因。

谢志光（深圳外国语学校高中部执行校长） 我这里讲讲拔尖创新人才的培养。治国经邦人才为先，智能时代创新为本。党的二十大报告特别指出，坚持为党育人，为国育才，全面提高人才自主培养的质量，着力造就拔尖创新人才，聚天下英才而用之。拔尖创新人才应该具有什么样的素养？那么怎么来培养拔尖创新人才？社会上有一种不好的或者不对的观念，认为拔尖创新人才就是搞竞赛，特别指的是五大学科的竞赛。其实竞赛只是拔尖创新人才的一个方面，如果简单地通过竞赛把学生培养成为拔尖人才，那么会有局限性，大家可以去调查了解，有很多通过竞赛进了国家集训队，或者到了国家队，保送到清华北大的小孩是毕不了业的。

基于种种原因，深圳外国语学校秉承爱国求知的校训，提出拔尖人才培养的"三通三跨"模式。拔尖创新人才是一种倒梯形的人才，它的基底是宽广深厚的综合素养，上面是突出鲜明的个性特长。具体来讲，宽广深厚的素养要靠"三个融通"：一是融通科技、人文和艺术，如果以树喻人，人文是"根"，科技是"干"，艺术是"叶"。二是融通知识、能力和个性，拔尖创新人才必须有丰富的学识、卓越的能力和健康的个性，否则就可能出现竞赛到了北大清华以后毕不了业的尴尬。三是融通学习、工作和生活，学习是终身的、是多层面的，不只是能解答考题，更得能解决工作和生活中的问题。培养拔尖人才还要"三跨"：一是跨学段，我们是从小学开始选苗子，接下来有团队重点培养打造。二是跨行业，我们的学生会走到企业，走到高校去。三是跨区域，我们深外有游学的传统，到国外游学，到国外游学每年都有，疫情三年就停了，2022 年年底，我们还跟教育部下面的欧美同学基金会签了一个合作协议。总之，创新人才的培养不是我们要到达的地方，而是我们自己要创造的远方。

谢学宁 我们盐外也是一直致力于打造开放盐外，我们坚持全球视野，用最好的钢来炼打最好的刀，只要是好老师，我们就争取请到盐外来。教育真的不能有狭隘的地域观念，广东省都要进行中考改革了，就应该放眼全球全国。我这里也没有狭隘的行业观念，好像是非得教书的才是老师才是好老师，好多不是当老师的高人，对我们孩子们的影响比老师大得多，他们虽然不是老师，但是可以当孩子们的导师。我还认为，名师不完全等于牛师，但孩子们更需要的是牛师。当然，我们对于盐外导师的门槛设置很高，你可以不很有名，但是你得有过硬的业绩和成果。今天，除了前面的大咖和行业翘楚之外，我们还为大家请到了一位牛师，他就可以当我们孩子们的导师，你绝对不会后悔。有请教育作家张博。

张　博（教育作家） 我要分享的题目是《未来人才的底层逻辑与战略抓手》。但是，我的出发点和其他嘉宾可能不大一样。今天讨论的话题，如果换一个说法，可以表述为，如何经营好孩子的当下，才能让孩子拥有意义最大化的未来。但事实是：我们的人生或许并没有意义，我们所有的努力不过是让这无聊的人生稍微有意思那么一点点罢了。为什么？比如说你赚 1 个亿，一定有人能赚 10 个亿，你当了校长，一定有人当局长……当你把人生的价码放在某个坐标之下的时候，你就马上会比上不足比下未必有余。我也并不是要否定大家对成功、幸福等世俗意义上的追求，只是想告诉大家，比起意义本身，学会建构意义的能力，或许在孩子的早期更有意义。因为我们建构意义的完整闭环天然地包含愿景展望力、资源整合力、要素协调力、理论沉淀力、自我说服力等必不可少的能力维度，而这些才是我们未来领军人才的底层逻辑。市面上关于成功学、鸡汤学的书汗牛充栋，但是我想告诉大家，真正的道都是天道，未来领军人才的人生从来就是不可复制的原创。在现在这个阶段，我能提供一些什么战略抓手帮助大家缓解焦虑呢？一个叫“一师”，一个叫“三子”。“一师”，就是你得去找一位人生导师。我最近在读《马克思传》，有些话在标语上读到会觉得是说教，但是在传记中读到，你会觉得这是他发自内心的渴望。我们让小孩做什么他们经常不买账，怎么办？读传记。比如，我们想让小朋友锻炼身体，你不要跟他说锻炼身体，你带他读《马克思传》。他读到相关句子的时候，很可能会产生特别的触动。比起“你必须锻炼身体，不然成个病秧子，妈妈还要照顾你”这类明显审美疲劳的说辞，把真实的、终极的目的放在一个隐形的架构之下，他更可能在潜移默化中接受，因为孩子与生俱来就有一种反抗压迫、反对专制的心理需求。再比如，你想知道女孩子到底要成为什么样的女孩子？好，你去读《马克思传》，里面有一个非常高贵的女士，马克思的夫人燕妮，堪称典范。“三子”，即笔杆子、嘴皮子、脑袋瓜子，都得有几把刷子。“笔杆子”：一是应试写作。应试写作的关键是建模，只有建模才能给你稳稳的幸福。中考作文的核心秘密无非“三个数字”，即“1”种文体，“2”个题目，“3”条视线。二是创意写作。“嘴皮子”：就是会说话，我们既要有意识地把生活和能力培养紧密联系起来，还要打破格局天花板和眼界瓶颈，创设一些说话的情境。“脑瓜子”：第一，格局很重要。所谓格局，就是把一个问题放在什么样的框架和系统之下来思考。如何让自己变得有格局，拙作《作文的解放》中对深刻型论说和思想型气势的规律特点的若干总结值得参考。第二，创意让生活更有趣。《玄机设计学》有些例子很有意思。如果小朋友朝着这方面想和做，不仅能创造生活的美好，讲不定还会让自己成为一个创意天才。第三，结构赋予诗意。最后，如果让我来回答教育的最大意义是什么？或许，就是帮孩子找到独属于他的那个诗意结构。

高瞻远瞩　对标一流[7]

——关于学校“十四五”规划编制工作的几点意见

尊敬的李臣教授，各位专家：

大家辛苦了。我们盐外启动编制“十四五”规划不是为了完成上级下达的指标任务，事实上，到目前为止，我们也没有收到主管单位关于学校层面必须编制“十四五”规划的通知。但是我们认为，盐外要有更大的发展，就应该有更宽视野、更大格局的规划作为未来发展的蓝图引擎。当然，这方面各位都是专家，我这里提几点不成熟的意见请大家酌情参考：

一是要高瞻远瞩，对标一流。规划愿景是用来引领奋斗方向、提供奋斗动力的，我们就是要有打造百年名校的勇气，在全国、全球寻找优质学校作为我们的对标对象。现在看起来差距大一点没有关系，反正我们又不是一年两年就要干成，也不是要跟人家搞得一模一样。

二是要系统谋划，突出抓手。规划的愿景再诱人，如果没有可行性也不行，没有工作重点、关键抓手更不行。特别是在深圳市全力建设中国特色社会主义先行示范区、盐田区奋力打造先行示范标杆的大

7　本文为 2021 年 5 月作者与学校“十四五”规划专家团队座谈时的发言。

背景下，我们也要有一些看得见、摸得着、叫得响的作为。

三是要凝聚共识，形成合力。规划要增强科学性、前瞻性和可行性就要充分吸收各方面的意见建议，可以到国内教育发达地区考察调研，可以通过区际间的信息交流观摩取经，还可以到区内听听各方面的声音，同时还要听听我们学校师生的意见。这个征求意见、集思广益的过程本身就是一个凝心聚力的过程，这对未来规划的落地实施很重要。

四是要彰显主流，做好衔接。盐外是盐田教育、深圳教育的组成部分，我们的规划要坚决贯彻国家《中华人民共和国国民经济和社会发展第十四个五年规划和 2035 年远景目标纲要》和《中国教育现代化 2035》精神，与《中共中央国务院关于支持深圳建设中国特色社会主义先行示范区的意见》和深圳市、盐田区的相关文件相衔接。

赋能新课堂，牛鼻子在科学建设学校教育评价体系

——在《教育家》杂志社线上圆桌论坛第400期的分享
（2023年5月10日）

课堂教学是学校教育的主阵地，也是质量立校、品牌立校的重中之重。任何教育活动的参与方对于课堂教学的重要性都不会有异议，但对于如何让课堂教学最大限度地发挥发现人、推动人、成就人的功能和作用，却并非都能保持足够的清醒、自觉和定力。其主要原因包括但不限于：一是学校管理中的行政思维有余教育家思维不足，教而优则仕的观念盛行，让一些教育创新精神强的老师锐气退化，这是导向和风气上的问题；二是一线教师的多重身份和认知格局限制了对高效课堂、卓越课堂的想象力和探索能力，情愿不自觉地满足于低维度的规范课堂，这是学校教育对学生吸引力影响力日渐式微的深层矛盾所在；三是学校教育的地位优势和既有闭环，让传统课堂拥抱时代变化存在一定程度的傲慢与滞后，这是课堂赋能的无形阻力。

当前，世界已经被第四次科技革命的大潮推进了智能时代，这为

中国建设创新型国家、实现国际竞争的变道超车提供了千年未有之机遇，但与此同时，也对面向人工智能时代的中国教育提出了新的更高的期许和要求。基于这样的历史大势与时代语境，我们的教学内容和教学方式已经开始与时俱进的改革与革新，但是目前来看，这种与时俱进的力度和效果都不太乐观，高等教育的情况不作妄议，基础教育新瓶装老酒的敷衍与变相敷衍现象还是比较普遍。这一方面是因为旧的教育惯性的力量太强大，另一方面是由于新的教育基因的培育的准备与经验不足。

破解中国当代教育难题的根本抓手在课堂。前几年，有个“课堂革命”的提法，特别流行。我不太主张在教育领域谈革命，教育不需要革命也很难革命。比起革命，我们更需要的是赋能，是汇聚各式各样的资源与技艺，让课堂真正成为传递知识、享受知识、创造知识的平台与空间。赋能新课堂，也不需要提一些太伟大的口号，但是建立健全一套设计科学且操作性强的学校教育评价体系迫切而必要。

我们学校正在做这方面的探索工作。

比如课堂教学方面，我校深化课堂教学改革、推进“高效 6+1（导—思—议—展—评—检—用）课堂”建设。这项改革以“高效课堂”课堂教学评价表为抓手，通过教学评价改革引导推进育人方式改革，以教学内容、教学过程、教学手段、教学评价的整体优化和改进，使立德树人根本任务在课堂教学中得以落实。

“高效课堂”改革的策略，概括起来就是“三个要”:“教师讲授要限时、小组合作要有效、学生展示要多样。”如何落实到课堂教学中而不是仅停留在理论层面或沦为口号？我们借鉴兄弟学校的实验，相关部门制定了操作工具——“高效课堂”课堂教学评价表，归结起来就是“11 条”。其中 5 条是针对学生如何学的，包括自主先学、有效合作、踊跃展示、大胆质疑、自主构建和技术应用；5 条是针对教师如何教的，包括价值引领、学科素养、目标定位、讲授点拨、媒体应用和基本能力；1 条是针对教学个性与特色（特色亮点）的。这个评价体系强调“先评学生，后评教师”“重评学，轻评教”“主评学生，次评教师”，在“高效课堂”课堂教学评价表中，学生表现占 60 分，教师表现占 30 分，特色亮点占 10 分。

“高效课堂”课堂教学评价表并非一张表，不同年级、不同学科有不同的“高效课堂”评价表，这就为体现学科特性和教学特色留出了弹性空间。“高效课堂”的基本范式及其变式组合，将课堂教学改革融入常态教学管理，促进了育人方式的转变和课堂教学质量的提升，教师也在课改浪潮中得到了成长。

现在，学校老师们有一个共识，认为常态化使用“高效课堂”评价表解决了三大难题：一是教师能结合“高效课堂”评价指标备课、上课，课堂教学质量提高了；二是学科组、备课组能结合“高效课堂”评价指标推进教学中难题的集体攻关；三是学校行政人员的常态听课能将行政力、专业力融入教学管理，稳步推进课堂教学改革。下一步，将结合新课标和中考改革的要求，进一步推动“高效课堂”教学改革迈上一个新台阶。

比如学生综合素质评价，我们根据《深圳市初中学生综合素质评价标准》，结合学校实际，制定了《学分银行》管理实施方案，将综评内容过程化管理、激励性评价。赋予每位教师考核权限，学生则通过学习、活动等获得相应学分，可用学分兑换学习物品，换取各类柔性奖励，从而激活教师，去发现光，点亮学生，去追寻光，让学校成为光。

综上所述，我们不难发现，“建立健全一套科学性且操作性强的学校教育评价体系”，这里的科学性（或者说正确性），内在地包括承载中国特色社会主义教育事业理应承载的功能，但要突出四个新的教育正义：一是发现知识的乐趣，二是运用知识的兴趣，三是用知识联通世界的情趣，四是用知识服务人群的旨趣。总之，课堂赋能是围绕“知识”的赋能，对学生能力的培养也是基于对知识的深度掘进与创意开发。只要我们的课堂能让学生把“知”与“趣”充分地融合起来，让自己成为有知的头脑和有趣的灵魂，我们的一切期许也将水到渠成。当然，这对每一位老师的学养储备和教育艺术提出来很高的要求，构建新型教育评价体系最大痛点和真正难点都在这里。

“路虽远，行则将至；事虽难，做则必成。”办人民满意的教育，办为中华民族复兴伟业储备优质人才资源的教育，这是每一位校长当仁不让的必答题，也是每一位教师的必修课。虽然一所学校的力量和影响是相对微小的，但“星星之火，可以燎原”，汇聚微光，然后赠时光以光，就可以照亮孩子们前行的路。我们坚信，只要做起来，坚持做，就一定会有希望和意义。

人文教学环境的共建、共创及共享

——在东北师大刘晓中教授第 246 期智慧教学大讲堂上的分享（2023 年 4 月 25 日）

尊敬的刘教授、各位同人：

山海盐田，教育筑梦。今天，我们在全球教育科技、理念、模式正经历前所未有之大变局的时代，在中国改革开放的窗口——深圳，在粤港澳大湾区的桥头堡——盐田，在全国最美校园——盐外，一场“春天的约会”如约而至。

我是盐外校长谢学宁。能够与国内重量级的专家大咖和教育同行汇报交流，我倍感荣幸。

在与刘教授的交流沟通中，我一直认为，相对于传统的中小学校长培训以理论为中心、以教室为中心、以专家为中心的讲授模式，基于真实情境的“现场教学、影子培训、入校诊断、示范引领”四种培训方式的综合运用，能够有效突破传统培训的局限性，更好地赋能中小学校长的专业成长。刘教授很宽容很包容，他说兴之所至，心之所安；尽其在我，顺其自然。这给了我很大的鼓励和信心，也给了我与大家分享的勇气，今天借此机会，就我从湖南到深圳的办学与心路历程，倾心倾情和大家作一次汇报。

倾心而为，顺心而动，与教师一起共建共创共享

当校长，对于很多任职者来说，和女人生孩子一样，没有实习，直接上岗，当然，现在校长上岗前的跟岗培训体系越来越完善，但是没有决策权力与责任，这和看别人生孩子是一样。所以，我们唯一能做的就是多读点书了。我是语文老师出身，自身的文化积淀不算深厚，但是我还是比较爱学习，可以说是笨鸟先飞。在当校长前，我读了一点书并研究了著书的人，这其中有几位大师的思想比较深地影响着我，后来在当校长的实践中经常能感受到他们的影子。这里列举三位：

一是毛泽东，他是我的湖南老乡。他的伟大成就，我们一般表述为“带领四万万中国人民站起来了”，这份丰功伟业我们不可能复制，但是他是如何运用天时地利人和从四万万人中脱颖而出，让四万万人心甘情愿地跟着他干，这就是值得包括校长在内的任何一把手用心体会的经典案例了。正如鲁迅从中国历史的字里行间读出了两个字“吃人”，我从不同寻常的人生轨迹与思想沉淀中主要关注了六个字“善于发动群众”。切换到工作需要，在学校治理实践中，“教师”就是校长不得不依靠的群众，教师心往一处想、劲儿往一处使，则事半功倍，人心齐泰山移；教师人浮于事、钩心斗角，则什么事情都干不成。可同时我又不得不清醒：一人一心、千人千面，那么多老师，都有自己的想法，怎么才能凝心聚力呢？

二是钱谷融，他本是 20 世纪文学研究领域的重要人物，退休前是华东师范大学的老师，很多校长应该比我更熟悉这位老先生。我知道钱先生还得益于我的一位朋友的推荐。他最有名的代表作是，1957 年写的《论“文学是人学”》，产生了全国性的大影响，也引来了全国

性的大批判，以至于他当了38年讲师，直到改革开放后才破格晋升教授，这期间他上班时间就在大学校园给学生讲文学，学生也称呼他“钱先生”，但是下班时间就要去扫厕所，学生呢则直呼他的名字“钱谷融”。我先是为我朋友的这段介绍所打动，然后才去找了他的那篇3万多字的《论“文学是人学”》来看。这篇文章在现在看来，说的很多都是我们已习以为常的常识，在当时却有振聋发聩、涤荡风气的意义。不过我不是文学研究者，我更关心的是，这篇文章在学校管理上能带给我什么样的启迪。用心体会文章和作者本人的遭际，我从中悟出了一个道理：教育学是人学，我们要培养人、发展人、成就人，尊重“人”，是有深度的！发动教师首先得尊重教师，校长对教师的尊重深度决定了教师支持校长参与学校建设的力度和速度。所以，如何深度尊重以教师为主体但又不限于教师的各类干系学校发展的“人”，成了校长的必答题与必修课。

三是马斯洛，这是我们所有校长都耳熟能详的教育家，他在1943年发表的论文《人类动机理论》中，首创“人的需求层次理论”，为教育学指明了发力方向、提供了实践遵循。马斯洛让校长们“理解教师”“尊重教师”“发动教师”有了底气和抓手。当然，直接读马斯洛，和在对毛泽东、钱谷融这样的大师有深度体认的基础上再读马斯洛，感悟是不一样的。

在这些人的指引下，我要做的就是把科学理论与学校的实际相结合。

相信很多人都有深刻的体会：看别人当校长和自己当校长，完全是两码事，可谓“如人饮水，冷暖自知”。无论您执掌的是大学校还是小学校，品牌学校抑或普通学校，家家都有本难念的经。以我所在的盐外为例，虽然作为东部品牌学校，在当地政府、社会、家长存在感是比较强的，不少当地的名流贤达都喜欢把孩子送到我们学校上学，但是，就管理品质而言，仍有很大的提升空间。毛主席在《反对党内的资产阶级思想》一文中指出："本来中央各部发出的东西，应当是上品，现在是次品，并且有大量产品根本没有使用价值，大批报废。"对照学校的管理，我们反思实际工作中，是不是存在这样的问题？比如"十四五"规划都还没有落地，只要没有落地，我这个心就是悬着的。当然，优化组织结构、争取资源支持，这种事相对来说，虽然耗的精力多、时间周期长，但受苦受累，校长一个人扛了也就算了。但是面对一张张天真无邪的稚嫩笑脸，我们的学校该以怎样的状态和温度不负生命的嘱托，这才是校长的不可承受之重和轻。而这个事情，关键不是校长，而是教师，是直接面对学生和家长的教师。准确地说，作为校长，最主要的工作便是如何最大限度地发挥教师在学校发展中的根本性主体作用。

为激励老师们点燃教育热情、做好教育工作，当校长这些年来，我做了很多尝试和努力，这些尝试的核心理念可以概括为三个词：共建，共创，共享；而在具体的实践路数上，我附庸风雅地把这些尝试归纳为"123"这样一组数字：

"1"——坚持一条主线

学校教育的大事，就是关心呵护好每一个生命。生命美好，教育美好。教育美好则教师美好。教师美好则孩子美好。所以，我们自始至终坚持一条主线，即以学生的"全面发展、充分发育、高质量地成长"为主线，这是学校和教师共同的存在之基，在这一点上我们可以结为幸福和利益的双核共同体。主线清，则思路清；主线稳，则工作稳。

“2”——打通两大空间

即校内干事创业空间和校外宣传展示空间。在校内的干事创业，具体的活动由老师们甩开膀子自由发挥，我做得更多的就是营造愉快的氛围。利用曾担任过高中校长的优势，怀着“和谐卓越”的教育追求，努力地向老师们送上一份份小温暖，比如：在盐外教师的朋友圈中，每年都有几次被盐外人刷屏的日子。有老师经常在朋友圈晒三八妇女节的礼物和仪式，提醒老公要像校长爱她们一样爱自己。“春风凝香脉不语，倾心送情抒芳华”，这是我们做工作的出发点，有没有用心用情，老师们是能切实感受得到的。五四青年节前后，我们会带着全体青年教师集结在一起，重温成长誓言，品味“无奋斗不青春”的内涵，品尝学校为他们私人定制的甜品和礼物，一起约定在校园里“想得美，做得好”。一季度一次的集体生日，新年去每一间办公室给每一个教职工送礼物，新学期送上印有教师姓名和祝福的私人定制可乐，让每一个普通的日子变得不普通，让温暖润泽每一个教师的心灵。

在运用校外宣传展示空间方面，我主要是抓住一切机会，包括参加比赛的机会，宣传报道的机会，在给老师们送上送上一缕阳光的同时，还要对工作的价值加以浓墨重彩的确认。

从《人民教育》《中国教育报》《中国教师报》到深圳的各种媒体，都发出了盐外的声音。这种大平台的磨砺，传播了盐外的美名，让教师们的成长看得见。

从新生的录取通知书，《十封信》的撰写，到 2021 届初三年级的“壮行会”策划，“成败靠细节，发展靠反思”。我们想通过每一个细节，每一次仪式，不断提升团队的创新意味，增强盐外的美誉度，真正成为高品质的校园。

“3”——建好三个平台

在凝聚教师的事情上，光有软绵绵的温情是不能有可持续的长情的，老师希望过更好的生活、要享受更高层次的愉悦，关键之关键还在于“可持续、有质量、看得见的专业成长”。为此我们主要做了三件小事，也可以说是打造了三个比较有效果的平台、

一是阅读与分享平台。教师专业发展的关键驱动点是分享。我们要在校园里搭建阅读与分享平台，通过办教师分享会、读书节、阅读征文比赛等活动创设情境，让大家把智慧分享出来，在小讲台上抒发大情怀。记得在朋友圈里，看到一位老师分享自己阅读感悟:“阅读让我深切地感受到，老师不应只埋头急匆匆走路，还要适时停下来，用心反思、审视、洞察过往的教育教学生活。”这些话，来自一线教师的肺腑之言，胜过校长一万句的苦口婆心。教师分享会也可以分享日常工作中的所见、所感、所思，与老师们共同寻求做好常规工作的策略、途径、方法。通过创设对话，教师会变成了经验分享会、才华展示会、专业成长会。我越来越觉得，校长的话越来越少，教师越变越好。这些经验与心得后来凝聚成我的一篇小文《让学校成为涵养“书卷气”的地方》，发表在《人民教育》杂志上。

二是意见参与平台。学校不是校长一个人的，而是我们一群人的。要充分发挥老师的积极性、创造性，就必须充分尊重其在学校治理中的意见表达。为此，我准备每半年在学校召开一次决策咨询会，行政务虚会，在一些重大问题上征求中层和老师们的意见和建议。我们可以每年进行一次“世界咖啡”论坛，类似于我们在这里的结构化研讨，创设情境，让教师思考学校发展的方向、目标和路径。以 2021 年为例，我想给老师们思考的主题是：如何落实“双减”、师生阅读如何深化和推进、自主学习怎样在课堂有效落实、设计怎样的学科活动提升

素养……老师们可以各选主题，绘制海报，选出代表精彩展示。我希望每一次，老师们的思考和分享，能够成为我们学年的工作计划和思路，人人参与管理，人人献言献计，人人关注发展，既提升学校的办学品位，又提升教师的格局、境界和品质，每个人关注的不仅仅是自己，还有他人和集体。《教育需要袁隆平》，说的就主要是这些尝试。

三是主体节庆平台。为了激活、唤醒老师们对班主任这一岗位的热爱和价值体验，我们在校园四大节的基础上，可以设立班主任节。每一次，都要有隆重的仪式和主题，每一次都要有新的亮点。第一届的主题可以是师爱、感恩、成长；第二届可以是爱与责任同行；第三届可以是特别的爱，给特别的你：不知情的老师们被广播通知到了会议室召开会议，然后看到印有照片的枕头，孩子们悄悄书写的“情书”，学校拍摄的祝福视频……还可以设置春晖、春华、春苗奖，邀请领导们为每一个班主任上台颁发奖杯，四季耕耘，桃李芬芳。夏风教授提出的“婚宴思维”，提醒每一个校长在学校要注重教育氛围的营造，既创造教育记忆，也创造教育意义；既注重价值引领，也注重情感体验。当老师们抱怨自己工作辛苦疲惫时，在校园里创设一种仪式，从本质上激发和唤醒老师们的良知与责任感，这就是班主任节设置的意义和价值。

让教师享受学校，这是我身为校长的工作追求，更多的则是为了展示老师们在学校工作的价值和幸福。这么多年过去了，很多当年的想法还是在坚持，也越加感觉到：教育和其他事业不一样，最大的乐趣和最大的成就感都是在坚持中实现的。我也越加坚信：学校有大小，但教育无大小，只要把一群生命交到我们手上，我们就真的“比天还高比地还辽阔”。

愿每一位干部倾心而为，顺心而动，与老师们一起共建共创共享。

这就是我今天的分享，谢谢大家！

校长一般都是从教师走过来的。

因为做过教师，

一般还是比较优秀的教师，

所以，我们更加珍视专业，更加敬畏教育。

无论是在湖南当校长，还是在深圳当校长，

对教育的观察、思考与言说，

都是我的乐子，也是我的镜子。

这些浅见对推动教育事业发展有没有用、有多大点用，

懂的都懂，

但是，这份意见参与是必要的，

因为它不只是为自己。

第三辑

在深论教

优质课堂应具备四种特质

课堂其实由四个要素构成：教学内容、教师、学生和教学环境，其中教学环境又包括教室与教学设备等小环境和社会与时代等大环境。对于教师而言，教材、生源、环境等都是客观条件，而新课程改革背景下教师要改变的其实是自己对教材、教师、学生和教学环境等要素之间组合关系的思考。这些关系综合体现为教学效果、学习效果或师生的课堂表现等。那么优质高效课堂应该有哪些表现呢？笔者认为，应具有以下四个方面的特质。

促思考求改变

课堂不能仅仅是很热闹，内容丰富，形式多样；而是要“促思考求改变”。就是要看在课堂上，学生的认知思维和情感水平有没有发生变化。包括学生的学科知识体系、对社会现实的体认、思维品质、对自我和他人的情感等，有没有因为教师的介入、因为课堂教学的有效活动而发生改变和提升。好的课堂，其表现一定是学生的思维或情感发生了改变。

我听过一堂很有“语文味”、让学生情感起伏认知提升的《记承天寺夜游》。执教教师设计的主问题是让学生通过朗读，寻找课文中的“一点之美”。在教师引导下，有的学生找到了月色描写之美，有的学生体会到了“闲人”一词的复杂感情，有的学生分析出了“亦未寝”中郁郁寡欢之情，有的学生理解了作者微妙的情感变化……在主问题的引领下，语言文字的细节之美被学生认知；从“赏美”入手，学生品味到蕴藏在文中的人生之“味”。然后教师引导学生进行课文结构分析。学生再读文本，深入揣摩，在教师的点评分析后，慢慢领会这篇课文的“多变”。它既可以分成两个部分：从“元丰六年十月十二日夜”至“盖竹柏影也”为叙事，最后三句是抒情，文章叙议相结合。也可以分为三个部分：从表达方式上可以分为“记叙—描写—抒情议论”三部分。还可以分为四个部分：事情的起因是“起”，发展是“承”，一个特写镜头是“转”，“合”用抒情议论托起全文，收束全文。

认知思维是有层次的：第一层是直觉行动思维，思维与对物体的感知相联系，思维在行动中进行，不能在行动前进行；第二层是具体形象思维，思维依赖于事物的具体形象或表象，以及它们的彼此联系来进行，还不能认识事物的内在本质；第三层是抽象概括思维，儿童开始利用概念、判断、推理等思维形式，对事物的内在本质特征和联系进行认识；第四层是辩证逻辑思维，思维是从多方面、多角度进行的。

这堂语文课从直觉行动思维起始，通过朗读，从美的直观感受切入，逐渐引导学生建立文本内容之间以及文本内容与人生之间的联系，从表达方式到行文逻辑越来越深入地理解文本组织架构，最后又以文本的“多变”启迪学生的辩证逻辑思维。

更重要的是，课堂上认知思维和情感水平的提升应该建立在学科素养提升的基础之上。这堂语文课始终紧扣语文教学主线，从朗读、赏美和课文结构分析入手，设计看似简单，却是别出心裁的思维能力训练。其实，其他学科的认知思维和情感水平的提升又何尝不应如此呢？

体现新型教学关系

建立以学生发展为本的新型教学关系——其实在义务教育课程标准颁布之初，这个方向就已经明确，但纵观20年来的课堂教学改革发展，尚未很好地契合国家课程标准对课堂教学方式的期待。

我们倡导的新型教学关系要求课堂以学生学习为主。首先，需要教师进行角色转变，从课堂的绝对权威转变成教学的设计者、引导者、促进者，把学习主动权交还给学生，而教师应把教学重心放在教学设计、活动组织、过程监控、答疑解惑和学习评价上。

同时，新型教学关系的建立需要在课堂上把教与学的过程打开。教师要通过设计台阶、搭建阶梯，一步一步展开教学过程，在学生思维生成的过程中发现问题、解决问题，帮助学生建立学科思维。比如语文学科，文章的言说一定要建立在逻辑思维之上，言论也一定要有理有据；数学学科，要在师生思维的碰撞中发现、归纳、提炼、运用模型，在不断的“化归”中把新问题转化为旧问题来解决。

把过程打开的课堂可以有讨论、探究、展示等丰富的表现形式，但在这些形式背后实际上都是“有体验的学习”“有对话的学习”，这样的学习才是真正有意义的。现代教学论认为，教学活动不仅仅是一种对象性活动（认识活动和实践活动），教与学的关系也不仅仅是一种对象性关系（“主体—客体”或“我—它”关系），而且也是一种意义活动（精神性交往活动）和意义关系（“主体—主体”或“我—你”关系）。由此可见，建立在意义关系之上的教学活动主要不是一种知识授受过程，而是一种人与人之间平等的精神交流，通过理解和“对话”获得人生体验和生活智慧的过程。需要指出的是，强调教与学之间是一种“我”和“你”的对话关系，并不意味着教与学之间不存在着教育关系。[8] 教师在意义关系之上组织以学生发展为本的新型课堂，落脚点不是轻巧了，而是更难了。课堂教学需要学生亲身经历学习过程，在师生互动中，获得最具学科本质的、最具价值的基本活动经验。著名教育家陶行知作了这样一个比喻：“我们要有自己的经验做根，以这经验所发生的知识做枝，然后别人的知识才能接得上去，别人的知识方才成为我们知识有机体的一个部分。”

作为教师，要想真正让课堂教学“以学生发展为本”，既要重视知识形成过程，又要重视发掘蕴藏在知识背后的重要思想方法，不失时机地巧妙进行学科思维渗透，还要在教学过程中建立和坚持民主性原则，促进师生之间平等的对话与交流。

真正让小组学习共同体实现讨论交流

为了给学生带来思想的、言语活动的体验，课堂组织方式需要发生相应变化。其中，“小组合作学习”是一种值得提倡的方式。每个学生都是个性鲜明的生命体，他们有着不同的生活经历、学业水平等，在教学过程中，通过小组合作学习，这种因学生差异性而形成的思维交流碰撞往往可以生成许多新颖、个性的情思，让课堂“意外”迭出，摇曳生姿。

小组合作学习必须真正实现讨论交流，让学生的思维与学理共进，情怀与智慧共生，生长汩汩流动，然后不断衍生“意外”和“陌生”，同时与前述师生对话双边互动。

真正的对话是平等、自由、公正地进行交流和沟通，双方都尊重

---

8 张天宝，王攀峰 . 试论新型教与学关系的建构 [J]. 教育研究，2001(10):35-40.

对方的观点、人格和价值观，并且能够说出自己内心最真实的想法，从而让不同的想法在一起碰撞。对话的目的并不是要达成一致，而是更好地理解和珍视差异，因为观点的不同正说明问题的复杂性，说明对话的必要和可能。而课堂教学情境中的对话，是蕴含教育性的相互倾听和演说，不仅表现为交流与探讨、提问与回答，还可以表现为独白与倾听、欣赏与评价。

课堂小组讨论的问题要精心设计，可以是在教学重点、难点处设计的具有一定探究性、发散性、矛盾性的问题，也可以是学生在学习中遇到困难时主动提出的问题。问题本身应具有讨论价值，最好可以促进学生的合作学习。(这个已经是多年前就反复讨论过了的常识，不用再提)

课堂的精彩，不能表现为总是几位学生与教师对话，而要关注全体学生的收获。课堂上的小组合作学习需要教师“在场”。第一，于无向处指向。在学生没有方向的时候教师应该给出方向，小组合作学习研究的目标是什么、研究的路径是否正确，教师应该给予点拨。第二，于无法处教法。当小组合作学习陷入困境时，教师要适时给出解决问题的方法。第三，于无疑处生疑。让学生提出问题是讨论与交流不可或缺的第一步，学生限于知识结构、人生阅历可能一时半会儿提不出问题，并非真的没有问题，教师要善于启发和引导。第四，于无力处给力。当学生能力不足以解决问题的时候，教师应该给学生提供资源、工具、脚手架，让学生借助这些资源去解决问题。例如不断追问学生，让学生一个台阶接着一个台阶往上走，思维逐层展开、逐步深入，思维能力逐渐提升，这样课堂的效益就十分明显。

让学生成为最重要的学习资源之一

曾经有很长的一段时间，我在判断一节“好”课时，常常优先关注教学内容挖得深、教师语言精彩、板书设计巧妙、课件做得精美等。总之在我的关注点中，占主导地位的是教师的表现，而非学生的成长。但实际上，教学内容挖得深，有时源于教师自己对问题的新理解，或许已经超越了学生的发展区；教师的流畅表达其实是课堂的线，学生即使表述得不尽善尽美，却是真正的学习所得，这才是课堂的珠；而那些吸引眼球的课件和板书并不是学习真实发生的标识。因此，从某种角度来说，很多时候我们对课堂教学的某些观感和评价，与学生实际获得感并非正向相关。

学习中的学生是教育和教学活动中最重要的主体，学生学习的过程其实是非常重要的教育教学资源。学生的潜力、潜能是巨大的，但在当下的课堂教学中，学生这个资源常常被忽略。我们强调学生作为学习资源，尤其要把学生的问题和错误当作重要的学习资源，注重方法的指导和思维能力的提升。

作为教师是否有过这样的教学体验？课堂由学生的问题展开，在学生的自我答疑中，他们的思维被激活；教师顺势总结、点拨，渐渐发现课堂的生成在学生的思考与表达中实现，他们的问题也激活了教师的思维——好的课堂是师生共同成长的。

教师有没有常常在课堂上感受到“惊喜”？原以为学生不可能想到的方法，他们出乎意料地给出了更多奇思妙想；本来是有些枯燥的理论性质的课，学生却善于联系生活，对学习充满好奇和乐趣，甚至感染着教师。要相信学生，更加关注“学生的学”。优质的课堂教学应该站在“学生发展”的角度来设计，力争通过方法指导，给学生更多的机会和时间，让他们自己理解与消化，让他们自主经历解决问题的过程，让他们静静地、慢慢地按照规律成长，让他们真实地发展。

真正优质有效的课堂必将课堂还给学生，让教学从封闭走向开放，从预设走向生成，从关注问题的答案走向关注学生的学习需要，从关注知识的教学走向关注能力的培养。唯有如此，学生的自主学习才会在课堂真正发生。

需要强调的是，课堂应是寻求教与学合一的过程，两者相互渗透，不可分割。要实现有效优质的教学，离不开教师的教，也离不开学生的学，不要偏向一边，忘了另一边。关注“教师的教”，会强化主导，清晰目标，更加高效；关注“学生的学”，会更加突出主体，促进学生发展，让教学更加有效。

加强智育，不仅要让学生学习和掌握各学科知识和能力，还要学会独立思考、主动探究、珍惜时光、追求真理、勇于创新、敢于创造；加强美育，不仅要重视音乐、美术、舞蹈等艺术知识和技能的传授，更要坚持以美育人、以文化人，提高学生审美和人文素养……所有教育理想的实现，最主要的阵地就是课堂。一定要让课堂激发出活力、散发出魅力，给予教师更多的课堂指导，让更多的课堂优质高效。

（原载《人民教育》2020年第20期）

让学校成为涵养“书卷气”的地方

苏霍姆林斯基说：“无限相信书籍的力量，是我的教育信仰的真谛之一。”对学生来说，阅读是最重要的自我教育；对学校来说，阅读是真正的素质教育。然而在当今网络时代，碎片化阅读、读图、电子游戏等多元化的信息传播途径和学习、娱乐方式正不可避免地逐渐侵占传统阅读的领地，学校该如何应对这些挑战，坚守书本阅读的一方净土？

我们着力构建“书香校园”，让书籍在校园的每一个角落都触手可及，使校园成为学生与书籍相遇的天地、涵养“书卷气”的场所，希望孩子们享受阅读，享受书香浸润。

根据学生心理，打造多样化的读书阵地

让学生爱上阅读，光靠苦口婆心的说教是不行的，要根据学生心理，设计一些活泼新颖、形式多样的读书阵地，创造更多学生与书籍相遇的机会，使他们自然而然地对书籍产生亲近感，萌发阅读的愿望。

在我们校园的每层楼道，都有一个与盐田区图书馆共同打造的海文化系列微型“书吧”，“书吧”名字也洋溢着海的味道，比如观海、悦海、听海……里面摆着孩子们最喜爱的书籍。它们全天开放，无人

值守，借书无须登记，不限定归还日期。唯一的使用约定是：“若要带走一本书，请先放入一本书。”这些“书吧”其实是学生交换书籍的地方。它改变了读书必须在教室里正襟危坐、埋头苦读的刻板印象，在草木葱茏的校园里营造出一种童话般的阅读环境。“书吧”以簇新的面貌吸引孩子们去遇见一本本书。一开始孩子们是被“书吧”的新颖造型吸引，总想着去打开“书吧”的门，享受淘书之乐。后来，孩子们渐渐感觉到，可以坐在里面随手拿出一本书来阅读，这种感觉美极了！在实践中我们进一步发现，“书吧”容纳的书籍数量有限，如果不及时更新就无法满足学校近 2000 名学生持续深度地进行阅读。于是，学校开始招募“书吧守护者”，让孩子们参与爱护、整理、更新“书吧”中的书本。在孩子们的参与管理下，“书吧”的书籍更丰富了；而且我们发现，学生交换的书比学校购买的书更贴近学生、更受学生欢迎；特别让我们欣喜的是，孩子们经常在“书吧”中围绕一本书开展讨论，甚至形成思想碰撞或心灵共鸣。一学期下来，已有近 80% 的学生参与“书吧”书籍的阅读，在区图书馆的支持下，学生实现了购书、借还书自由，图书平均每周更新近百本。原来，经过“书吧守护者”更新的书籍，更能走进并触动学生内心。

学校里有一个近 300 平方米的校园阅读专区——“绿色长廊”。它安静地栖居在 3 号教学楼一楼，左侧为书籍开放展示、阅读区域，形成安静阅读氛围；右侧隔离成为师生交流讨论区域，简洁大气，给人舒适、放松之感。这里原本是存放陈旧书籍的库房，长年沉睡，门锁都生满了斑驳铁锈。我们曾经想把这处校园空间建成教师的休闲健身场所，或者是作为学校双职工子女放学后的寄居所。后来老师们建议，“熊掌与鱼可以得兼”，“让阅读安顿心灵”，于是“绿色长廊”校园阅读专区就此正式推出。老师们和学生们都说，“绿色长廊”仿佛是一个心灵驿站，师生在此处阅读，驻足休憩，是为了更好地前行。这里更是一个精神家园，我们在此处遇见书籍，遇见他人，也遇见自己。

在学校综合楼里有“读读书吧”，总面积达到600多平方米，成为校图书馆的主阵地。为了鼓励大家多读书、读好书，这个“书吧”采用开放式借阅管理，学生只要自觉填写借阅信息，就可以把书拿回教室或者家里去读。同时，学校还鼓励每个班级都建立自己的小书吧、迷你图书角，让阅读空间与教学空间实现融合。

“问渠那得清如许，为有源头活水来。”不断挖掘更开放而有活力的图书资源，才能给学生提供更多阅读选择。为此，学校携手区图书馆，引进“流动书吧”，为师生提供了一个集免费借阅、教学沙龙一体化的阅读空间。“流动书吧”按市图书馆统一标准、模式打造，书籍由市、区图书馆根据学校需求配送，数量保持在3000册左右，每3个月更新一次，保证书籍的及时流通。师生凭身份证注册后即可刷卡自由借阅、归还，每次可以借书5册，一个月后自主还书。学校的“流动书吧”还与市区其他“流动书吧”借还互通。另外，市区图书馆还允许师生先行购买自己喜爱的书籍，图书注册入库后，即可报销购书费用。

学校还通过多种途径争取社区内各大企业如华大基因、中兴科技等的图书赞助，将更多书籍引进校园，为涵养“书卷气”注入源头活水；在每学期开学典礼上组织高年级学生向低年级学生赠书，让阅读一届一届传承，不断开发和发展阅读阵地。

以教师阅读引领学生阅读

营造书香校园，教师的阅读同等重要。教师即课程，教师要有足够的阅读量，教学才有底气；教师要有宽广的阅读面，才能更好地指导学生阅读；教师要有丰富的阅读经验，才能给学生提供他们真正需要的点拨；教师要有良好的阅读习惯，才能给学生树立学习的榜样。

然而目前中小学教师的阅读情况令人担忧，据一项中小学教师阅读基本情况调查显示，每天阅读时间不足一小时的教师比例达到 45.60%，其中有 22.10% 的教师“已经很少读书”。47.22% 的教师读书毫无计划；33.44% 的教师虽然有计划，“但是几乎不怎么执行”；仅有 5.07% 的教师有明确的读书计划并能坚持执行。另一项教师教育图书阅读状况的调查也显示，仅有 17.32% 的教师年均阅读量在 8 本以上，69.26% 的教师年均阅读量在 3 本以下。在教师教育图书阅读量偏低原因的调查中，有相当多的教师选择“图书内容与升学率关系不大”“读不懂，图书内容过于枯燥”，由此可见，急功近利的应试教育思想、心浮气躁的阅读心态已严重侵蚀了教师的阅读动机。

针对这种情况，学校通过举办专家讲座、读书沙龙、读书报告会、主题读书月等形式多样的系列活动，鼓励教师广泛阅读，大力倡导“师生共读”，让每一位教师养成热爱读书的习惯，提升内涵，修炼内功，通过阅读引领学生共同发展。校广播站、校报《星浪屿》等宣传阵地开设了“好书推荐”等栏目，经常向师生介绍适合他们阅读的书籍，开阔他们的视野。学校每周开设阅读欣赏课，由语文老师带领着学生们了解中外名家，赏析经典佳作，撰写读书心得。

“师生共读”为课堂教学带来了新的视野、新的内容，学校课程真正变得开放而有活力。例如，校本选修《琵琶行》一诗中关于音乐的经典描写的鉴赏，历来是语文教学的重点和难点。以往的教学大多局限在课文之内，师生对其他描写音乐的文学作品了解不够，往往会缺乏一种比较的眼光，而没有比较就没有鉴别。于是，我们在上课前几周安排了“中国古典文学中的音乐描写”主题阅读活动。师生阅读后再回到课堂来赏析琵琶女的演奏这一段描写时，大家的讨论异常热烈：有的同学发现，音乐是听觉艺术，没有具体形象，大部分文学作品主要以侧面烘托的手法来表现，而白居易是正面描写音乐，这就非常难；有的同学分析说，同为正面描写音乐，《李凭箜篌引》在比喻的选择上用的是“昆山玉碎”“女娲炼石”等神话传说中的人事物来作比，而白居易用的是“急雨”“私语”“裂帛”等日常生活中的事物来作比，更具体可感；还有的同学通过比较发现，几乎所有描写音乐的诗文都是写声音、旋律之美，而白居易第一次写到了音乐中“别有幽愁暗恨生，此时无声胜有声”的无声之美，蕴含着哲理意味……阅读支撑下的课堂讨论，让学习走向深入。

数学课给人的印象往往都是枯燥、抽象的概念和定理，不易引起学生兴趣。我们通过广泛阅读、精心挑选，在“好书推荐”栏目中介绍了英国作家理查德·曼凯维奇的《数学的故事》一书，引领学生阅读。读过这本书的学生会惊奇地发现，原来数学并不是那么令人生畏，相反，它十分有趣，它就在我们身边，它是观察问题、描述问题、解决问题的一种视角，是数学家眼中的世界景观。这本书拨开了数学符号的迷雾，使数学呈现出栩栩如生的一面，改变了学生对数学的理解，更好地激发起他们学习数学的热情。

从声音中感受文字的魅力

朗诵是一种把文字转化为有声语言的表达艺术，是阅读的延伸，也是基于阅读的再创造。朗诵在一定程度上可以弥补阅读的不足，使语言变得更有表现力、感染力，使阅读变得有声有色。同时，相关研究还表明，朗读与阅读理解能力密切相关，朗读可以促进阅读能力的发展。一项对小学二年级儿童的追踪研究发现，朗读流畅性对阅读理解有预测作用，也就是说，朗读流畅性与阅读能力呈正相关。原因可能在于，朗读是一种多感官刺激的语言活动，对于促进语言信息加工自动化、提高阅读速率、培养语感等方面有独特作用。

受此启发，我们在校园里建设了一方兼朗读和吟唱的园地——唱吧。这是学校心理健康成长中心旁一处造型现代的小空间，里面配备了专业的录音设备，每位师生都可以在这里朗读、吟唱自己心中的篇章。这也借鉴了央视综艺节目《朗读者》中的创意，节目主创希望用朗读打通线上与线下，让朗读走进每个人的生活。我们也希望用朗读吟咏来“打通”：让师生用声音演绎沉默的美文，感受文字的魅力，可以成为师生亲近阅读的契机，乃至与自己的内心进行交流的桥梁。这是我们建设唱吧的初衷。

每天下午社团活动或课后延时服务期间，离唱吧开放还有半个小时，师生们便在唱吧旁排起了长队。在队伍中等待的“朗读吟咏者”，有人翻开书本、展开信纸默念，有人正默读精彩篇章进行“彩排”……洪翊芯同学是今天第一位朗读者。“我准备了汪曾祺的散文《人间草木》。为了今天的朗读，我已经反复预习了很多遍，希望今天能有好的表现！”洪翊芯一直是学校广播站的播音员，对朗诵情有独钟，这已经是她第五次进唱吧朗读了。“里面的话筒和音响很棒！我一走进去，心立即就静下来了，朗读的时刻我仿佛在与自己的心灵对话！”蒋知伦同学从朗读亭出来，兴奋地与同学分享她的感受。

宋维平老师成为第一位走进唱吧朗诵的语文教师代表，她准备了许飞的一首歌词《写给父亲的散文诗》，“处于不惑之年的我，越来越感受到父母一辈子的不易，看着他们的生命之火逐渐走向衰亡，内心充满着爱怜与无奈。多想时光慢慢走，让我能多陪陪他们”；年轻的赵苗苗老师怀着美好的憧憬读完了郑愁予的《错误》；已为人母的黄宝芯老师正准备朗读毕淑敏的《孩子，我为什么打你》。

有了唱吧，很多师生因为对文字和朗读的共同爱好，交上了朋友。

“因为朗读吟咏，我们爱上了阅读。每晚聚在一起，我们就忙开了。大家不是在寻找朗诵篇目，就是在声情并茂地朗诵，还有的在聚精会神地倾听、鼓掌。大家交流着自己喜欢的篇目，有人读《目送》，有人喜欢《诗与远方》，有人对张爱玲的《爱》情有独钟……”谁说唱吧就只是那一平方米不到的小小空间？它承载着师生广阔的精神世界。

唱吧鼓励师生用最平实的情感和语言读出文字背后的价值，将个人真实的情感体验与传世佳作相结合，用文字的魅力感染、鼓舞、涵养师生，引领师生走向精神的远方。

出发：从书籍走向真实的世界

“纸上得来终觉浅”，要真切地感受书籍中所写的内容，就要走进真实的世界，“读万卷书，行万里路，识世间人”，在体验中学习。因此，研学旅行成为涵养学校师生“书卷气”的重要一环。

学校鼓励同学们利用寒暑假开展研学活动。初一年级某班家委会经过近一个月的策划，曾经组织部分学生暑期在凤凰、宁乡、浏阳、岳阳和张家界等地进行了为期七天的研学活动。

他们在选择研学地点的时候用心良苦：湘西凤凰县是国家历史文化名城；宁乡被誉为“南中国青铜文化中心”；浏阳是革命老区，享有“中华诗词之乡”的美誉；岳阳有着 2500 多年的历史，诞生了《岳阳楼记》等名篇；张家界市是中国首批入选的世界自然遗产。五条路线既是深厚历史文化的蕴藉之地，又是淳美风俗与唯美风景的融合之土，还是特色美食和红色革命的盛誉之城。毫无疑问，这些地方都是研究的理想场所。身处其中，书籍中所蕴含的丰富而厚重的文化信息会逐渐活化生动起来，书籍与现实、想象与体验相互交融，会留给学生一段奇妙而特殊的经历。这就是我们选择研学地的标准。

研学活动开始之前，他们组织学生进行了专题阅读，每个班查阅、搜集与自己研学地有关的资料、读物，集中安排一段时间进行研读。先有间接认识，再继以直接体验，可以让学生从研学活动过程中更好地有所悟、有所得。

在孩子们心中，湘西是沈从文的湘西，是秀美的山水、淳朴的民情、奇异的风俗、陌生的语言、质朴的人民组成的全景画卷，一切都显得那么遥远而新奇，带有几分神秘。但是因为有阅读作为基础，踏上这片神奇的土地时，孩子们有一种既熟悉又新鲜的感受。有学生在作文中写道："青石板的街面被千万双脚打磨得锃亮，将一段邈远的历史铸融进去，不留下一丝痕迹。古街虽窄，却不显狭隘，不失简约。一条细长幽深的小巷，一头勾连着古城，一头曲折地延伸至线天之间，把整座古城引宕得波澜不惊……"虽然隔着历史的长河，孩子们看到、感受到的湘西，与沈从文的湘西产生了共鸣。

在张家界，学生们体验苗画创作，在动手操作中学习苗族文化，感受苗族文化中唯美的一面；学习土家族织锦，在练习中了解土家族文化，感受土家族独特工艺中智慧的一面；竹竿舞节奏简单却富有韵味，与苗族青年一起体验时，学生在愉悦的氛围中自然能感受到少数民族热情好客和能歌善舞的一面。在宁乡炭河街，精美绝伦的远古青铜工艺品既让学生们学习了古代青铜工艺以及相关历史知识，又零距离地感受到远古文化的魅力……这些都是在单纯的阅读中体验不到的，它们反过来又会增长学生的见识和感受能力，加深学生对于阅读的理解。

陈平原先生说："那些渊博的、玄妙的人文学，比如文学、史学、哲学、宗教、伦理、艺术等，是整个人类文明的'压舱石'。行船的人都知道，出海必须有'压舱石'，否则很容易翻船。"优质的人文阅读，一方面可以帮助师生拥有更丰富更开阔的可能性，生成更内在的指向人本身的深入思考。另一方面，这种可能性一旦与专业接轨，就会有别人意想不到的成果。倘若有人问我，一个心里有“书”与一个满脑子都充满“事”的老师、学生最大的区别是什么，我会回答：一个人心中有“书”，他的心中便有了一座晶亮沸腾的星空，他的生命无论是对工作、学习还是对生活，都有了更丰富的空间与弹性。

书籍是学校教育不可或缺的养料，阅读是学生成长最重要的途径。让阅读具有“诗情画意”，让学生享受阅读，这是一所学校抵抗浮躁和喧嚣、涵养书卷气的正途。学校就当如此。

念好“九字诀”，做出好榜样

2019 年暑期，我有幸通过全国竞聘，成为盐外这所深圳东部名校的校长。到一个全新的文化语境和教育土壤“打拼”，我比较忐忑，但多年的教育和管理经验也给了我一定的底气，作为校长我首先要思考的问题无非两个：一是做出校长的榜样，二是把教育做到孩子心上。当我在思考以怎样的姿态和盐外师生见面时，《蔡元培传》中的一个情节浮现在我的脑际：“蔡元培第一次以校长身份进入北大，让人把车停在路口，自己下车步行到学校。走到校门口时，他脱下礼帽，向门卫好好地鞠了一个躬，门卫也向他回礼，一时间成为整个北京城的美谈。”带着这份感佩，我念了一年的“九字诀”：俯下身、弯下腰、抬起头。

俯下身，用“悦读”点燃教师的热情

校长爱教育，首先是从爱教师开始的，校长爱教师，教师就会爱学生，以发展教师来发展学生，以发展师生来发展学校，这是我对苏霍姆林斯基名言“一个好校长，就是一所好学校”的理解。爱教师，有很多切入点，我的一个尝试是，鼓励老师以坚持阅读来发展自身。

一开始，我提了 12 个字：善于发现，勤于激励，重在点燃。然后我当仁不让地做起了校园文化的首席。我向老师们分享了一种个人习惯：每天坚持阅读，至少摘抄一页；每晚必写一千字。这个习惯已经坚持了 10 多年了。除了读，我还准备了一个笔记本，随时记录下好段落好句子，还有阅读中获得的启发。为了鼓励老师坚持用阅读来突破瓶颈、撑破专业“天花板”，我和图书管理员一起撰写了一份近 3 万字的荐书指南，精选出 100 本好书，一本本写好书摘，放在教师们的案前。

我为老师的成长谱了“四部曲”：师德纯粹，学校对师德失范的老师一票否决；专业强大，文化课老师必须过“中考”题关；读书润身，“经典共读”已成为盐外文化现象；课堂教学督导评价，“核心概念”能否教透，课堂有没有“真味”，就看老师的真本事……

弯下腰，把“美好”放进孩子的掌心

来盐外第一天起，早上进校，我会鞠着躬，笑容可掬地和师生打招呼问早安；中午吃饭，见到学生不经意落在餐桌下的垃圾，会弯下腰拾起；晚上自习，我会弓着背，教那些学习上存疑的孩子解题，点拨思路和方法……这个习惯一直坚持，风雨无阻。刚开始，孩子们见到校长有点紧张和羞涩，渐渐地，有学生回我一个微笑；现在，孩子们远远地看到，都会挥手道一声“校长早上好”。我想弯下腰，让学生懂得，校长，不仅仅是一位师长，也是一位挚友和亲人。

第一次亮相的升旗仪式上，我以《让每一个人的精神小宇宙熊熊燃烧》为题，和孩子们分享了一个小故事：在北京学习培训时，在出租车上跟司机闲聊，迎面走来几个中学生，司机马上说是某某学校的。

"他们又没有穿校服，你怎么知道？""从他们的神态举止就能看出。"这给我一种震撼，盐外学子也应该有盐外气质：有思想，会表达；有责任，敢担当；有爱心，能宽容。我看到，许多学生的脸上洋溢出跃跃欲动的喜悦。

初三一个班级，生源起点参差，熊孩子较多。我尝试着通过一次活动来凝心聚力。我以《如来和唐僧是教育家》为题，为班级上了一堂班会课。我从《西游记》也可以称作"一个老师和四个熊孩子的故事"开始，一步步引导学生探讨"熊孩子是怎样炼成的""招安为什么会失败""教育简单粗暴行不行"几个话题。因为对《西游记》内容情节比较熟悉，学生讨论热烈，发言踊跃，反思到位，我们共同总结出如来和唐僧的教育真经：绝妙的惩诫；设计目标，选择良师；各方配合，形成合力。学生评价"这堂课好有味"。"有味"两个字看似简单，实则难得，"盐外人"应该是一群"有味"的灵魂。

抬起头，用课改优化学校的"基因"

盐外老师有"为学生终生幸福发展奠基"的理念共识，校长的改革和服务要跟上，我主要抓的是文化和课程。

在校园文化培育上，我突出两个字："人"和"美"。通过对教师言行举止的系统性提升培训和助力学生个性特长展示的各类活动，千方百计营造"让每个孩子抬起头来"的校园文化氛围。启动校园文化提升行动，谋划打造"盐外十景"，让每一位盐外人都成为盐外发展的共建者、共享者。

环境育人很重要，核心抓手在课程。对于基础型课程，我坚持采用校本化实施策略，让教师编辑适合学生的校本导学案和校本作业，制定《盐外“博思”课程评价标准》，以评促改，发挥学生主体作用，培养学生必备品质与关键能力；开发以“海洋文化”为内核的拓展型课程，满足学生个性化需求，促进个性化发展。一有机会，我就鼓励学生走出校门，体验社会生活，感受大自然的蓬勃生机，研学、外语文化艺术节、模联以及实践类户外课程丰富多彩。我们创新推出 2+1+1 课程目标，每个孩子都要熟练掌握两项体育技能、一项音乐技能、一项美术（手工）技能。在盐外，学生不被“分数”束缚，爱笑、爱玩，要努力长成自己喜欢的样子，但学习成绩也毫不逊色。

尊重学生、敬畏专业，对教育事业从不愿随波逐流。这是教育者应有的初心和坚守。

现在的盐外校园，建筑是美的，并且努力以文化人，现在的师生是美的，文质彬彬，然后君子。更重要的是，教育生活充满了温度，充满了美。学校的高度，就取决于师生的生命温度、精神广度。教育，应该成就生命的美好与人生的幸福。我愿意用一种榜样示范，让管理更接地气，让校园生动和谐，让教育彰显美好！

（原载《中国教育报》2020 年 12 月 16 日“校长周刊”）

阅读让青春更美好

——在深圳出版集团第三届校长论坛的对话

主持人： 您觉得青少年心理健康问题的一般表现有哪些？

谢学宁： 青少年的年龄范围很大，我们面对的学生主要是12—15岁的初中生，所以我只能谈谈他们常遇到的问题。

这个年龄段的青少年心理健康问题一般表现为情绪问题、行为问题、学业困扰、人际关系等，情绪问题包括抑郁、焦虑、自伤等；行为问题包括冲动、暴力等；学习困扰包括学习压力、厌学等；人际关系包括与同伴、父母、老师的关系紧张或缺乏人际关系等。

很难说哪些类型的孩子问题比较突出，我不太希望大家过分关注问题表现，这很容易导致标签化，而要去看这些表现背后传达的信息。客观上来看，孩子的问题表现各有特点。例如，有的孩子是陷入无边的负面情绪中，有的孩子是经常和家长起冲突，有的孩子是厌学拒学，等等。这些表现都只是孩子发出的信号，他们在表达“我感觉不好，我很痛苦，我需要帮助”。

主持人： 是什么原因导致了这些问题的出现？

谢学宁：首先和青少年的生理特点有关。这个年龄段的孩子处在一个激烈的成长阶段，身体快速发育并日渐成熟，但心理发育还没有成熟，他们暂时难以做出理性的决策与行为，所以他们的成长时常伴随着冲突、波动。我们也经常用“冲突”二字来描述这个年龄段的孩子，但这个词并不是贬义，而是一种客观中性的状态描述。

除此以外，青少年出现心理健康问题通常是由于他们的成长需要长期没有得到满足。青春期的孩子有三大需要要被满足：归属与爱的需要——有朋友，安全的需要——有人爱，自尊的需要——学习好或者有其他擅长的事。

只有这些需要被满足了，他们才不容易出问题。如果他们的现实生活出现了问题，例如没朋友或者和朋友关系紧张、和父母吵架了、学习成绩不好，等等，但是又找不到解决方法，长此以往，就会陷入迷茫和无助中，继而就有可能产生心理问题。因此，构建一个良好的成长环境，让孩子有朋友、有人爱、有事可做，对他们来说十分重要。

主持人：您所在的盐田外国语学校是如何守护孩子的心理健康的？

谢学宁：现在各个学校都在倡导“五育并举”，但在盐田外国语学校实际上在推进“六育并举”工作——德、智、体、美、劳、心。我们学校开设了心理课程，有三位专职的心理教师，还有一整层楼的空间供孩子进行心理学习与心理咨询。我认为这些举措能为孩子的成长提供一些心理上的支撑，真正把“立德树人”的根本任务落实到行动中。

主持人：对于中学阶段的孩子来说，阅读对于他们心理和情绪的治愈作用体现在哪些方面？

谢学宁：我认为主要体现在以下三个方面：

第一，阅读可以帮助孩子缓解压力，消除他们的负面情绪。阅读可以让孩子暂时抛开现实的烦恼，享受阅读带来的愉悦，它是一种情绪调节的方法。我们学校的孩子都非常喜欢去图书馆借书，他们会利用课间的时间来阅读，给自己“充电”，他们一旦开始阅读，就会沉浸在自己的小世界之中，忘记现实中的烦恼。

我每天都会在校门口值班，非常喜欢和一起值班的孩子们交流分享，我们把值班之旅变成了文化之旅。我们会从二十四节气聊到唐诗宋词，还会玩一些诗词接龙的游戏。最近，我们又在玩一种新游戏，把流行的网络用语用古典诗歌表达出来。例如，“YYDS”就是“此曲只应天上有，人间能得几回闻”，“小丑竟是我自己”就是“我本将心向明月，奈何明月照沟渠”，等等。当孩子们畅游在文化世界中，压力与疲惫也就迎刃而解了。

第二，阅读可以帮助孩子发展健康的情感。一方面，阅读能够提高孩子的语言表达能力，提高他们人际交往的能力；另一方面，阅读能提高孩子的共情能力，帮助他们发展更健康的情感。我们学校举办的“中英文共读一本书”活动，由两位老师带领初二的孩子们阅读《怦然心动》的中英文版本，让孩子们通过小组汇报的方式去表达他们对小说主角情感的理解。青春期的孩子们渴望炙热的情感，但他们无法亲身实践所有的情感，但是通过阅读，通过看别人的故事，也能够获得利于成长的间接经验。

第三，阅读可以提高孩子的认知和思维能力。通过阅读，孩子能拓宽知识面和视野，增强逻辑思维能力，培养创新思维和想象力，提高语言和表达能力。这可以帮助孩子更好地应对生活中的挑战，从而减少焦虑和抑郁等心理问题的发生。

主持人：那爱阅读的孩子出现心理问题的概率是否要更小？

谢学宁：根据我们的日常观察，喜欢看书的孩子心理素质确实会比较好，他们的心态会更乐观，遇到问题也会更主动地向他人求助。孩子在阅读的过程中，接触到不同的故事、人物和情境，让他们更好地了解自己的情感和情绪，并学会如何处理和应对这些情感和情绪。同时，在阅读中发展出来的逻辑思维、语言表达等能力，能够帮助他们更好地去应对现实生活中的困难和挑战，减少问题的发生。

主持人：那有没有什么好书推荐给大家？

谢学宁：我推荐的两本书是《唐诗三百首》和《西游记》。正所谓："熟读唐诗三百首，不会吟诗也会吟。"《西游记》作为四大名著之一，更是经典，不同年龄段的人读《西游记》都会有不同的感受。

会不会有些人觉得我推荐的书很low？但我始终认为，我们阅读应该要读有品质、有营养的书。我们阅读是为了突破自身的限制，因此我们要站在巨人的肩膀上，接近经典并与经典为友，从经典中汲取人类文明的智慧。我觉得这样的书才是真正值得推荐的书。

主持人：总有人说"没有时间阅读"，您怎么看？

谢学宁：确实，任何事情如果没有时间做保障，都是空谈。"没有时间读书。"这好像是我们现在最常听见的说辞。学生没时间读，因为作业太多；教师没时间读，因为课务太多；校长没时间读，因为会务太多。忙于奔命似乎成了很多人生存的基本模式。

但是，我们不得不正视一个事实：连基本阅读时间都没有的人，一般都会因为认知的局限，滞留在低层次的圈层里躺平、佛系、吐槽、狂躁；而经常阅读、大量阅读者，就会凭借脚下垫着的一本本书，站到世界的更高处，获得俯视的能力。重要的事情总是有时间的，没时间读书只是逃避与惰性的借口。

对于学生来说，分数固然重要，但并非唯一。在校园里，学生除了要获得以分数为标志的学习型质量外，还应该获得以成长为标志的发展型质量和以幸福为标志的生命型质量。大量的事实证明，阅读不仅能够显著提高学生的成绩，而且是学生当下和未来能够成功所需的一项核心素养。可以说，阅读是一个既有“里子”又有“面子”的事情，没有理由不投入足够的时间。

那可能有同学会问:“那我们的阅读时间在哪里呢？”其实古人已经给了我们答案:“冬者岁之余，夜者日之余，阴雨者时之余。”这“三余”都是读书的好时光。

我现在也有着较为繁重的行政工作，但我依然开设社团课程《跟着古诗词游中国》，带领孩子们一起见天地、见众生、见自己，我还会带头给老师们上示范课，利用边角余料时间阅读摘抄，我现在非常自豪的是，我有着 20 多本厚厚的摘录本。我觉得阅读也让我的生活变得更加充实、丰富和有趣。

主持人：面对繁重的学业压力，如果想让学生有更多阅读的时间与机会，我们还应该怎么做？

谢学宁：我们要坚持正确的学生观。如果想让阅读落地，必须解决我们的观念问题。我们坚持一个理念叫“琢玉成器”，但是，这里的“器”是大器、重器的器，不是小器、机器的器，我们要培养的是顶天立地的人物，不是只为混口饭吃的工具人、螺丝钉。条条道路通罗马，其实我们深圳的孩子一出生就在罗马，跟我们这一代为了生存、为了改命而奋斗的光景完全不一样了。我们可以批判地借鉴“小镇做题家”这一套的有益成分，但是如果只让学生考试刷题，把这些当成学生初中三年的全部，那就是对孩子们发育空间的扼杀。我们可不能当这个杀手！

爱因斯坦说过:“教育是当所学的东西都忘掉之后，剩下的就是教育。”规定动作上，比如中考，我们认为花最少的时间考得更好才是本事，我们要尽量压缩面向中考应试的学科学习时间，把节约出来的时间做一点素养的拓展。“读万卷书，行万里路，阅世间人”，我们努力让孩子成为一个视野开阔、灵魂有趣的人，为孩子们更长远的成功和幸福奠基。我认为这才是我们教育的责任和担当。

主持人：我们到底该如何培养孩子终身阅读的习惯？在此过程中学校可以做什么？

谢学宁：我认为，可以把“有书、有时、有场景，有导、有伴、有展评”作为衡量的尺度。

有书，我们要绘制阅读地图。我们所倡导的“有书”，是指有品质、有营养的好书。有人笑称，现在出版的书有一半没人买，买了的有一半没有读，读了的有一半没有收获。我们要让“好书常伴左右、图书触手可及”成为学校最迷人的风景。再好的书，只有被师生看得见、翻起来、读进去，才会有“与人类最崇高的精神对话”的可能。

有时，我们要为孩子辟出阅读的专属时光。最走心的阅读，就是引领师生和伟大的书籍谈一场恋爱。和男女恋爱一样，与好书恋爱也离不开四个基本的条件：彼此看见、留足时间、经常互动、懂得欣赏。正如我刚刚所言，任何事情，如果没有时间做保障，都是空谈。

有场景，我们要重塑物型文化。培养孩子阅读习惯可以从营造典雅别致的书香物型环境入手，我们可以在以下几个空间动心思、做文章：一是学校图书馆。用全天候开放、无障碍出入、唯美化布置、体系化课程、专业化荐读等，凸显图书馆“文化中心、心灵客厅、精神牧场”的功能，使之真正成为让师生迷恋的“天堂的模样”。二是班级图书角。让学生和书籍便捷地靠近。三是走廊楼梯口。按不同的主题，设立小书架、小书吧，并实行学生自主管理。四是校园小景观。把经典名著中那些生动的画面，呈现在孩子生活的校园里，唤醒更多孩子的好奇之心，吸引他们走进经典、回味经典。

此外还要有导，学校要研发专业的阅读课程；有伴，让他们“悦”读而不孤“读”。最后，要有展评，学校需要涌现阅读成果，不断制造阅读分享的关键事件，让谈书籍的时刻成为师生精神交流最灿烂的时刻。

我们要用这六大要素来引导学生热爱阅读、关注生活，进而引领孩子们的精神成长！特别强调的是，校长要努力成为学校的首席领读者，校长理应是书生，校长的书柜里装着学校的未来，校长的阅度就是学校的高度！

不忘苦难、逐梦远航，在大时代彰显大担当[9]

尊敬的各位领导，各位老师，各位同学：

历史是记忆的生命，更是前进的动能！今天，我们以“弘扬民族精神，凝聚复兴力量”之名，开启盐田区第22届“3·18中英街警示日”主题活动，追思苦难、珍惜辉煌，在同心共筑“中国梦”、扎实推进中国式现代化的伟大征途上，发出湾区儿女的声音。

列宁说：“一个民族，如果忘记了历史，就意味着背叛。”作为中国近代落后挨打的一大标记，3·18中英街勘界日是一个屈辱的日子，承载了一代代湾区儿女挥之不去的苦难和伤痛。一百多年来，为了洗刷这段民族的耻辱，勤劳、勇敢、智慧、坚韧的湾区儿女，一直在孜孜以求地探索与奋斗，矢志不渝风雨兼程！

一百多年过去了，在中国共产党的坚强领导下，在全国各族人民的团结奋斗下，我们的祖国已经是世界第二大经济体，已经拥有了举世瞩目的综合国力和国际影响力，全国人民的安全感、获得感、幸福感显著增强，我们比近代以来的任何时候都更接近中华民族伟大复兴

9 本文为作者在盐田区第22届“3·18中英街警示日”主题活动致辞。

的梦想。

然而，《左传》有言:“居安思危，思则有备，有备无患。”越是在形势一片大好的时候，越是不能忘记中华民族的苦难过往，唯其如此，我们才能不让苦难的历史重演！因为美西方对中国的和平崛起一直心存忌惮、不安好心，甚至不择手段地加以阻挠、打压和破坏。

“天下兴亡，匹夫有责。”尤其是从改革开放中富起来、强起来的湾区儿女，我们今天的和平、安定与富足来之不易！“皮之不存，毛将焉附？”在捍卫国家主权、维护国家利益、保护国家尊严上，我们有责任、有义务勇挑重担、冲锋在前！

少年强则国强！我们要在对历史的深刻缅怀中，对这片生于斯、长于斯的土地，更多一份热爱与敬重；我们更要在对未来的无限憧憬里，对这个一切依靠人民、一切为了人民的国家，更多一份使命与担当！

大时代彰显大担当，湾区少年当仁不让！这少年的主体是学子，但培养学子的老师及社会各方，同样义不容辞、责无旁贷！让我们携起手来，倾情以赴，打造湾区发展的中流砥柱，汇聚民族复兴的磅礴伟力吧！

谢谢！

让优秀传统文化入脑入心、发芽开花

近日，教育部印发《中华优秀传统文化进中小学课程教材指南》，（以下简称《指南》）明确了中华优秀传统文化进中小学课程教材的基本原则、总体目标、主题内容、载体形式、学段要求、学科安排等要求。

但是进课堂容易，进头脑难。如何落实《指南》，让中华优秀传统文化活起来，潜移默化根植于孩子心中，在校园落地生根，为学生健康成长铸魂，依然是一个严肃而重大的课题。

笔者每天坚持在校门口值班，迎接师生到校。在元宵节这天早晨，随机选择了几位学生现场访问，题目很简单：“你知道今天是什么节日吗？”测验结果让笔者大跌眼镜，有学生摇头表示不知道，有学生带着疑惑的神情回答“元旦吧？”或者用坚定不容置疑的语气答成“教师节！”只有为数不多的几位学生知道“元宵节“，但当笔者继续追问“元宵节有什么内涵”时，基本上答不上来。最终只有两位学生赢得了牛年吉祥物。

此情此景，引发了笔者的深思。“落”的意思，一是归属，充分认同是前提；二是下降，分解融入是核心；三是留下，体验留痕是关键。

基于此，中华优秀传统文化要在校园落地，笔者觉得，应有三个步骤：

价值认同是内核。这是开展中小学中华优秀传统文化教育的“根”

与“魂”。文化是一个国家、一个民族的血脉，是人民的精神家园，体现着一个国家、一个民族和人民的价值取向、道德规范、思想风貌及行为特征。不少西方学者反思中国应对突如其来的新冠疫情的考验为何更得力、更有效，除了制度上的优势，更离不开中国人稳固的文化基因。在中国人的骨子里，流淌着“天下为公”的血液，当个人利益与国家和公众利益发生分歧时，最终会以集体利益为重，这也是中华文化延绵不绝的文化符码。这份优秀的文化基因如何而来？正是通过丰富多彩、姿态万千的中华优秀传统文化作品与形式一代代承传与创新实现的。“皮之不存，毛将焉附？”要是中华文化的优秀传统没有了，中华民族的文化独特性没有了，谈何伟大复兴，谈何国家安全呢？

国家的文化命运与每一个国民的前途命运与价值实现息息相关。特别是对于情商、智商、逆商都处在发育期的初中学子，有优秀文化资源的熏陶与引领势必会事半功倍、裨益良多、影响深远。因为文化不同于其他技能型知识，提升文化水平的前提是理解与感悟文化的魅力，而这个过程离不开各种心灵感应器官的参与，也离不开超乎当下时空的畅想，我们在与文化互动的同时，也把梦想以及事业的疆域拓展了，换位思考的素养涵养了，可见，文化不“虚”，是实实在在的空间、技能与引擎。

沉潜融入是支撑。这是开展中小学优秀传统文化教育的“骨”和“骼”。为了能够发芽开花，还需要将比较抽象且高位的核心内容下降到一个可附着的支架上，将其分解、下降到可理解和可操作的层面，主要是形成聚焦传承文化的学校课程框架，让优秀文化的落地有支架、有附着点。

《指南》明确学科安排，以语文、历史、道德与法治（思想政治）三科为主，艺术（音乐、美术等）、体育与健康学科有重点地纳入，其他学科有机渗透，以“3+2+N”的方式分学科提出“怎么进”的要求。

但文化传承的难点和重点在于落细、落小、落实。

因此，在原有课程基础上，学校要带领各学科积极寻找教学中开展中华优秀传统文化教育的新途径，形成体现学校特色的中华优秀传统文化教育课程架构，将之渗透到各学科国家课程中，形成教学浸润、专题开发和活动拓展相结合的教学模式。比如学校可以对音乐、美术、体育、通用技术等采取分类走班教学，与中华优秀传统文化教育紧密结合。此外，基于学生学习需求，学校还可以整合多学科资源，开发综合课程，彰显育人效果。同时需要改进教学方式，打造课内 + 课外、校内 + 校外、线下 + 线上的教学新样态，让中华优秀传统文化教育动起来、活起来。

中华优秀传统文化进校园，根本在于继承其精神，弘扬其德行。同时要了解传统文化的内涵，处理好传统文化与现代文化的关系，处理好知与行的关系，让师生成为持续积累的学习者，用心体悟的实践者，积极主动的传播者。

实践体验是关键。这是开展中小学优秀传统文化教育的“血”和“肉”。经过充分认同、分解融入后，还需要培上肥沃的土壤，使之结出丰硕的成果。在教育过程中，绝不是把教师认为的“好东西”往学生面前一放，学生就会全盘接受，要考虑中华优秀传统文化教育与学生亲和性问题，最好的方式就是注重实践养成，让学生在实践体验中产生思想共鸣和价值认同，深刻领悟中华优秀传统文化的精神内涵。

这要求我们努力营造关注体验、强调留痕的教化场景，抓住教育契机，让优秀文化的传承与社会实践相结合，与日常生活相结合，引导学生在读、学、唱、玩中理解内涵，在亲身体验感悟中主动践行。

虽然当前各地中华优秀传统文化教育取得了一定成效，但在教学实施上还存在一些有待改进的方面，比如：知识灌输多，内涵把握少；

外在形式多，内在体悟少；被动模仿多，主动创新少。《指南》提出“持续开展体验活动、主题活动，强化学生实践体认”。有鉴于此，从学校教育的视角来说，学校在教化场景上侧重抓三点，一是课堂，二是校园，三是社会。比如充分发挥学校校史馆、校外博物馆、展览馆等优秀传统文化场所的教育功能，因地制宜开展传统文化类、艺术类、科技类等的研学实践，通过亲眼看、亲耳听、亲手做，通过文化考察、专题探究、设计制作、社会服务、职业体验等实践方式，使学生自觉践行中华传统美德，弘扬讲仁爱、重民本、守诚信、崇正义、尚和合、求大同等中华人文精神与思想，从而达到“学思用贯通，知信行统一”的教育目的。

要让中华优秀文化成为学校的精神标杆。校长一定要有大视野、大胸怀、大使命感，要有国家意识、民族意识。在追求释放个性的时候，不要忘记国家情怀、社会责任的涵育。

（原载《中国教育报》2021 年 5 月 26 日“校长周刊”，原标题为《中华优秀传统文化何以在校园落地生根》）

从袁隆平的教育遗产里寻求“双减”答案

袁隆平先生离开我们快一年了。作为一位具有历史坐标意义的现象级人物，袁隆平带给中国人民的最大福祉当然是在“杂交水稻”领域的卓越建树，但作为跨世纪的一流学人，他穷其一生的追索带给世人的启迪却是多方面的，其中包括教育。几个月前，中办、国办印发《关于进一步减轻义务教育阶段学生作业负担和校外培训负担的意见》，在教育战线实施后取得了一些可喜的变化。然而，“双减”下的教育改革仍面临不少未解难题。为此，我们就“双减”问题与袁隆平先生的语录、思想进行一番跨时空的对话，汲取其智慧，寻求其答案，应该独具意义，并可以此作为纪念。

一、以服务人类命运共同体为初心使命

教育学是人学。在知识的传授之外，教育还有很多要紧的问题要思考。为党领导下的中国特色社会主义事业培养合格建设者和可靠接班人，这解决了“为谁培养人”和“培养什么样的人”的问题。但如何培养出这样的“人”？袁隆平贡献了特别的注脚。他曾说过：“中国人的饭碗，要牢牢掌握到自己手上去，我们要担当起来！”“我还有两

个梦，一个是禾下乘凉梦，一个是杂交水稻覆盖全球梦。”“我毕生的追求就是让所有人远离饥饿。”

这些朴实而铿锵的话语道出了一位杰出中国人的“胸怀天下”。钱理群先生曾以“精致的利己主义者”痛陈中国大学生群体中存在的一种极其危险的倾向。然而，大学生的问题肯定不是在大学酿就的，追根溯源，还在于小时候对高远理想信念的引领缺失。什么样的理想算得上志存高远？袁隆平的用中国贡献解除全球饥饿就是。

尽管由于种种主客观原因，这个世界还有不少人在贫困线以下挣扎。但若没有这一服务天下苍生的远大追求作为信念支撑的动力之源，袁隆平也不可能在杂交水稻的征途中走得如此之远。道道相通，学习袁隆平以服务人类命运共同体为初心使命，对于正处于发展关键期的青少年来说，不啻为一面很好的镜鉴。

二、在正确的方向上保持执着前行的定力

袁隆平的一生不缺光环，但光环光环，先有“光”后有“环”，这“光”是持续奋斗结出的硕果，这“环”是追光而来的荣誉认可。后袁隆平时代，我们对袁隆平的缅怀无疑应该更多地聚焦“光”，特别是探寻其光之源，也就是不凡经历，特别是这些经历中彰显出的精神风度与人格魅力。

在苏联权威科学家学说垄断社会主义阵营生物遗传学的20世纪中期，袁隆平冒着被批判的危险，坚持在苏联权威所反对的科学家孟德尔分离理论指导下进行杂交水稻研究，从而奠定了杂交水稻培育的正确基调。随后面对“水稻是自花授粉作物，没有杂种优势”的国际普遍论调，袁隆平反其道而行之，在发现“雄性不育株”之后独辟蹊径

地提出了用“不育系”“保持系”和“恢复系”配套培育体系。正是在“三系法”的独创理论框架下，杂交水稻才缓缓揭开其神秘的面纱，人类也才有了后面的一系列创获。

即便是远离了特殊时期的当今时代，要想对既有的学术权威发起挑战，这都需要非同寻常的勇气与定力，因为得罪权威意味着被孤立。教育界有没有这样的势力固化我不好妄断，然而，袁隆平身上所展现出的实事求是的科学精神与学术良知，敢于冲破藩篱的创新精神与勇士气概，不达目的不罢休的执着精神与研究定力，等等，无不诠释着卓越青年应有的高标与遵循。

三、要有静待花开的耐心和以慢致远的艺术

叶圣陶说 :“教育是农业 , 不是工业。”农业者，春风化雨顺其自然也。万物都有季节轮回不能背离，真正的农夫，总是根据农时和庄稼特点，来把握其播种、施肥、除草、松土等节奏，不急不躁，从从容容，春华秋实，静待丰收，这就是农业。如果农夫以“快出庄稼”的心态对待秧苗，非要用人工的方式让庄稼“实现跨越式发展”，那叫“揠苗助长”，自然事与愿违，颗粒无收。

农业技术攻关更是如此，来不得半点敷衍和膨胀，而且即便谨小慎微、战战兢兢，也有可能经过了很多的尝试和努力也不能达到预期的目标。当年，袁隆平发现第 1 株杂交稻种后，经历了 10 多年的研发时间，却还没有研究出成果，各种打击、嘲讽以及劝退的声音纷至沓来。但袁隆平展示出了极大的耐心，因为他深知越是大的攻关越需要有静待花开的耐心和信心。

反观如今的教育场，这种“坐冷板凳”的精神就显得特别难能可

贵。无论是教师的专业成长还是学生的发育发展，我们都自带一种与时间赛跑的所谓时代紧迫感。也许在其他领域，“跑步前进”是必要并可能的，但是教书育人在很多时候需要的往往不是“闪电般”的速度，而是“慢一慢”的见识与功夫。好教师的能力提升要慢修炼，要有成长自觉，肯下“十年磨一剑”的苦功夫、笨功夫；好教师的课堂要有慢的智慧，放慢脚步，等一等学生；教师的育人方式要有慢的艺术，从细节上引导学生；好教师的成长要有来自学校的慢滋养。

学生的成长更是不能操之过急。人是万物之灵长，每个学生的发育节奏是不一样的，会绽放出怎样的芳华和精彩也是不一样的。以阅读为例：让学生爱上阅读是教师们心之所愿与努力所在，然而，不少老师表达的困惑是，学校的书买了、书单开了、阅读任务也布置了，学生怎么就读不进去呢？也许其中就是少了一点慢的艺术。我们太想让孩子进入阅读的世界，而忽略了互动和引领。有些被验证效果不错的做法不妨尝试。例如，想给学生推荐书籍，别用太快、太直接的方式，不妨多点“表演”的艺术。教师可以事先把书皮包起来，课间找机会坐在教室里读。哈哈大笑、拍案称绝，这些“小动作”或许就激发了学生的阅读兴趣。这种慢的智慧，在很多教育问题的解决上很奏效。

“杂交水稻之父”对人类生存的贡献已经永远地镌刻在史册，但“杂交水稻之父”留给世界的教育遗产，特别在“双减”背景下，更值得我们不断地发掘和传扬。

中小学教研应基于“内需”而非潮流

教研是提升学校发展的引擎。但在现实中，不少教师对教研不感兴趣，不愿谈教研，也不愿意搞教研，有时又不得不卷入教研的大潮中，很多学校大有全员教研或全领域教研之势。事实上，对于基层学校或是教育行政单位，发动教师多搞教科研，或者说以教研成果数量与获奖级别为突出指标的教科研，利好显而易见，且可以立竿见影。特别是在一些经济发达地区，教科研经费充足，存在一窝蜂式的为教研而教研的现象。成果丰硕的表象之下，有些教师苦不堪言。

教师们做课题研究的出发点应是基于“幸福内需”而非“潮流刚需”，且这里的“幸福”是源自内心对教育的敬畏、热爱，而非对于名利、虚荣的投机与自我陶醉。“知之者不如好之者，好之者不如乐之者。”真正的教研应该是发自内心的、充满激情的，然后才能享受着工作的乐趣和幸福。要想拥有幸福的教育科研心境，就需要怀揣一种敬畏和热爱，认真地去发现与体悟教育教学中的看点、亮点、兴奋点和研究点，努力从教育科研工作经验中，去找寻研究的幸福。那些在教育科研上有所成就的名家大咖，大都是找到并享受着教育科研的幸福。他们往往是教育科研真正的“好之者”和“乐之者”。一个对教育科研不能甘之如饴甚至是心生厌恶的人，很难在教育科研的路上始终奋力前行。

教师们做课题研究的视域不应该囿于传统的学术路数，要敢于拓展教科研的疆界与面向。要将教育科研植根于日常工作的“大地”，让研究成为工作的一部分，以研究提升工作，让工作推进研究，不断完善自身的职能建设。在现实工作中，很多教育工作者不乏教育科研的热情，却苦于寻找不到教育科研的突破口，选题的逼仄，往往让他们徘徊在教育科研的门外。如果能不囿于传统的学术路数，既能坚持草根研究，又能格局高远，将工作本身与教育科研做到有机结合，就能开掘出教育科研不竭的源泉，就能感受和体悟教育科研无尽的幸福。

教师们做课题研究的方式不必受限于传统评价体系，要有重塑新型教科研价值体系的魄力与文化定力，让课题研究的全过程都着眼并服务于个体生命的健康成长，真正克服教育科研与日常工作“两张皮”的难题。每个学生的成长节奏是不一样的，这就要求我们每位教育工作者，要注重省察自己和工作，发现教书育人中存在的问题，坚持从问题出发，分析问题的成因，用问题激活思想，以思想引导行动，让行动改变现实，想方设法地寻找解决问题的路径，以教育科研来推进自身的工作，使教育科研变得充实与饱满。在这个过程中，不断提升自己的教育理念，更新教育思维方式，改善教育行为方式，而这正是教育科研幸福真谛之所在。

教育管理者们则要注重营造彼此尊重、彼此包容、彼此成全的教育科研氛围，端正对教育科研的定位与风向，让教育科研真正体现教育味、尊严感，这是教育科研幸福心境的重要保障。各级教育行政部门和各级各类学校要加强制度建设，积极完善教育科研保障机制，强化教育科研动力体系，形成尊重、包容和成全的氛围，让每位教育科研参与者都有尊严、有荣光。

毕淑敏在其散文《提醒幸福》中写道：“享受幸福是需要学习的，当幸福即将来临的时刻需要提醒。”诚哉斯言，幸福确实需要提醒。对于教育尤其是对于教育科研而言，发现幸福、提醒幸福和享受幸福也很有必要。教育科研是披荆斩棘、充满艰辛的旅程，需要广泛收集、深入分析、科学推断和艰难求证，需要认真细致和坚持不懈的努力，需要实干甚至苦干的精神。在这个过程中，如果不能葆有幸福的心境，具备从科研中寻找、确认并建构幸福的能力，科研就注定是一场没有灵魂的躯壳位移，缺乏意义，可持续性也极为堪忧。

特级教师李镇西说：“对一个教师来说，推动其教育事业发展的应该有两个轮子，一个叫作‘情感’，一个叫作‘思考’。教育情感使他热爱孩子，忘我地工作，并从中体验到奉献的自豪；教育思考使他明确自己的教育方向，科学而理性地设计、实施自己的教育，同时不断地总结、提炼、升华自己的教育实践。”正如卓越的教师需要“情感”和“思考”的双轮驱动，理想的教研也应该是“情怀”与“智慧”的有机统一，因为情怀而有温度，因为智慧而接地气，从而不断攀登教育教学的高峰。

（原载《中国教育报》2022 年 9 月 28 日“校长周刊”）

矫枉还须过正

自2019年教育部发布紧急通知后，黑龙江、四川和深圳等地相继发布“不得跨区域招生”的规定，其中四川的普通高中招生制度被称为“史上最严”，关键在于阻断掐尖招生的投机之处——有了好生源，就出好成绩。

对此做法，褒贬不一。有赞同者说，因材施教，有教无类，摒弃只追求升学率的观念，才能更全面地发展；有反对者说，好学校好学生好氛围好成绩，适度地掐尖和分班，其实也是一种因材施教；有中庸论者说，教育不是均贫富，要改革，但不要一刀切。均衡招生，是对超级中学优质教育的浪费……诸如此类，众说纷纭，不一而足。

在纷繁芜杂的言论中，作为教育管理者，如何听取、辨别、决策、实施，需要智慧、担当，更需要高度和定力，从而以矫枉过正的胆识和气魄，拨开重重迷雾，走出迷思，直面人民的关切，对症下药，拨乱反正，蹚出基础教育一番新天地。

第一，认识到位是前提。对国家教育方针的理解深入程度和开展改革创新的实际高度，往往决定了一项政策的可执行性和可持续性。

钟启泉教授曾经指出，我国基础教育界流行的口头禅是“选苗子、拔尖子”。因为有了苗子、尖子，便可以标榜其教育宗旨是培养“有思想力、有领导力、有创新力的杰出公民”。

这些任意改变基础教育职能和使命的做法，无一不体现出教育思想的乱套和行动上的浮躁。而打着“因材施教”的幌子，施行跨区、掐尖、办分校等做法的种种急功近利的教育现象，根源在于教育管理部门认识不到位，行动偏软偏松。

基础教育的使命在于为每一个学生的人格发展奠基，为每一个学生的学力发展奠基。“大众教育”强调所有学生“共同的基础教养”，这绝不是“平庸教育”，而是“卓越教育”。但它不仅仅是满足少数尖子生的所谓“卓尔不群”，而是保障每一个学生的“学习权”，和他们能够到达所能达到的高度。这才是新时代基础教育的定位与未来创新人才的价值诉求。

基于此，在“乱云飞渡”的教育环境里，我们（特别是政府和教育主管部门）还得保持一份从容和定力，一份对教育本真的敬畏与遵循。

第二，教育情怀很重要。教育是让人成为人的事业，教育者必须怀有一颗单纯而虔诚的内心。教育情怀，是教育者对教育事业的那份忠诚，对教育原则的那份坚守，对教育对象的那份关爱，对教育责任的那份担当，对教育质量的那份承诺，对教育效率的那份追求。有了教育情怀，就会真正重视社会关切，不搞“鸵鸟政策”，就会虔诚地重视每一所学校的健康成长，不会用当“维持会会长”的心态对待教育乱象。

真正伟大的名校，不在于她培养出了多么枚举不胜的状元，而在于她用寒酸的校舍和微弱的教学资源，培养出了一批又一批走在时代前列、站在历史潮头的新人，为这个伟大的时代注入新鲜血液。

我一直以为，如果中国有过素质教育，那一定是中师教育。我不是中师生，但毕业分配在高中教书时，正副校长都是老中师生，市里不少名师是老中师生，身边同事不少是中师生。20 世纪，中师生是教师队伍中的顶梁柱。有人说，他们中许多人都是上北大清华的料，只是由于家境、户口等原因才选择了中师。中师生撑起了中国教育的一片天空，特别是在广袤的农村，培养了无数优秀的学生。

在今天中师教育不复存在时，中师教育的成功经验是否应该被高等师范认真研究和传承呢？逝去的是芳华，留下的是功勋。

当前，以片面追求升学率为主要特征的教育功利化和短视化现象依然十分严重；校园内层出不穷的心理失衡、价值失偏、理想失却、道德失守、行为失范等现象，早已令人深以为忧。

朱清时院士曾说过：一个社会要有希望，一定要有净土，这个净土就是学校。学校理当成为一片净土，一方道德高地，自觉承担起并切实履行好服务和改造社会的伟大使命。

作为教育管理者，应当不忘初心，永葆教育情怀，只有守护住教育的良心，我们的学校才像真正的学校，我们的老师才像真正的老师，我们的教育才是真正的教育，我们的孩子才崇真向善尚美。

第三，持续发力是关键。在基础教育领域，我认为，学校教育资源配置的体制与学校教育的活力息息相关。虽然呼吁多年，但违背教育规律、破坏教育生态的痼疾依旧。某些名校从初一就开始掐尖。神话都是“大神”们造出来的，也只有神经病们才相信。

曾经的教育布局，是市县除了几所重点中学之外，每个区基本上都有一所中学，上不了市县重点中学的学生，就到区中学就近入学。市县的重点中学规模都不大，一个年级最多四个班，每个班 50 多人。因此，各个区中学都不用愁生源。不管学校高中升学率怎样，生源都不太受影响。这样，学校并没有特别强的动机拼命抓应试，只要正常教学就行了。但到后来，这种教育布局被打破了，学生可以自由流动，学校规模不受控制，于是，升学率高的学校就像一个个黑洞吸引了越来越多的学生，学校规模越来越大，甚至出现了万人以上的超级中学，而其他学校就面临着巨大的生源压力，超级高中一省独大，周边高中黯淡无光，甚至寸草不生。

有鉴于此，政府的重点职责，除了扩大教育资源、丰富资源配置，就应该在学校教育资源配置方面，创造各类办学主体公平竞争的制度环境上着力，不能有公私亲疏之别，蛇打七寸，先从名校开始，严禁跨区招生，全省掐尖，虽然“道阻且长”，但也要秉持持续用力执行到位，不达要求决不收兵的决心。否则，将教育资源放在少数几所学校身上，汇聚最顶尖的生源、最优秀的教师以及最优质的教育资源，以牺牲其他学校教育生态为代价，就会导致学校之间办学水准或质量“固化”，抑制了学校之间的竞争动力和活力。

北京师范大学教育学部学术委员会主席檀传宝教授对《中国新闻周刊》表示，能把普通程度的中学生教进北大、清华、复旦、科大等名校才算有“真本事”！这也告诉我们，只有在生源平等的基础上，各个学校才会想办法在整体上把教育质量办好，从而形成良性循环，有利于区域内的所有学生。没有了让人膜拜的超级学霸，还会有让人咂舌的超级高中？

针对教育的诸多怪现状，亟待政府干预调整，固然矫枉还需过正，但或许，当整个社会对分数背后的东西关注更多，对分数以外的东西关心更多的时候，我们离教育的目的和本质也就更近了。毕竟，教育者好了，教育才会好起来；教育好了，孩子们才会好起来；孩子好了，世界才会好起来！

减负不是目的，减的背后应科学地“加”

近年来，为减轻学生课业负担，教育部和各地教育部门不断出台减负令、禁补令，各地补课之风有所好转。其实，整治培训机构只是第一步。“减负年年喊，何时能治标又治本？”在“减负”大背景下，作为教育工作者，应该更多思考如何真正、科学地“减负”。

“减负”不等于降低课程难度、不要学生刻苦学习、让孩子无节制地玩耍，而指的是减去违背教育教学规律和学生身心发展规律，超出教学大纲、额外增加的“负担”。但是，正如陈宝生部长所说：“孩子要成长要成才，不付出努力、没有负担是不可能的。这个世界上没有舒舒服服轻轻松松成才成功的事例。”这就提醒我们每一位教育人主动思考：“减负”之后怎么办？孩子们该怎样去充分成长？全社会尤其是教育素养相对缺乏的父母，他们如何面对“减负”之后形成的教育空白带来的教育恐慌和焦虑？当这些问题没有看清楚、想明白的时候，我们就很可能“好心办错事”，就有可能在爱的名义下把孩子引向歧途，就会出现朱永新先生担忧的现象：学校“减负”家庭“增负”。

基于此，笔者认为，对于“减负”，要坚定地“减”，更要科学地“加”。

如何真正按照教育的发展规律和孩子的成长规律，增加能够调动学生积极思维的、具有挑战性和创造性的作业或活动，以提高教育教学的质量？

“加”在40分钟的高效课堂、孩子的兴趣引领、学校整体文化氛围的打造上，从学生的学习力和学习习惯入手，学校不断推出微课程、科技课程、研学实践课等。科学“加”的首要任务是要提高学校教学质量，强化学校教育的主阵地作用。

“加”在积极引导、介入孩子的课后活动上。比如让每个孩子根据自己的兴趣、特长安排自己放学之后的生活：读书、做手工、练书法……通过积极引导，真正从育人角度介入孩子的课后活动，充分发挥学校教育的育人指导功能，让家长不再迷茫，让孩子充实成长。这是科学“加”的魅力和吸引力、生命力所在。对于学生来说，内在因素（学生自己）在不断积极成长，外在环境（教师和家长）在不断优化改进，内外因素的共同作用，将使学生的综合素养全面提升，使家长教育素养普遍提高。

“加”在延展书本、走向生活、接触社会上，让孩子们清楚知识的逻辑，明白成长的真谛，拓展思维的视野。科学“加”的最终目标是育人，每次活动要从主题出发，设定合理的课程目标，把握活动内容的关键要素，把立德树人任务落实在具体的活动中。校内校外齐心协力，互相配合，让学生把书本上的死板知识变成能够灵活运用的能力。学生在与同伴的交往和教师、家长和社会人士的协助支持下，探究知识、发展素养、体验情感、塑造人格。

未来是成长的方向，世界才是最好的教材。“减负”的背后是科学的“加”，这才符合认知的内在逻辑。

“减负”不是目的，通过“减负”来真正提升教育质量、落实素质教育才是目的。以提高教育素养“减负”，不仅减轻了沉甸甸的担忧，更增强了对美好未来的信心，从根本上推动社会进步，需要全社会的共同努力。

科学“减负”的背后是高效提质，唯有学校、社会、家庭在此理念上形成合力，方可还教育一片净土，还孩子一个真正需要的发展空间。

转身的背后应尽显文明和优雅

又逢一年毕业季，毕业典礼、师生联谊、家校互动……最是此时真情在。不过，在很多校园里，在泪水和狂欢之后，留给后勤部门和保洁阿姨的是弥漫着特殊味道的教室、凌乱不堪的寝室。他们不得不艰难穿梭于形式各异的“离校艺术品”中——肆意飘飞的试卷屑、铺撒地面的各色垃圾……如同台风席卷过后的街道，或是街边彰显个性的“涂鸦墙”，让人唏嘘不已，以至于不少学校需要通过购买社会保洁服务来处置这些“离校艺术品”。

青春是热烈而激情的，但喧闹过后如何优雅退场，这是学校育人能力的一种展现。笔者觉得，毕业离校，转身的背后应尽显文明和优雅。师生为亲人，是情的牵挂；教室寝室为家，是心的不舍。作为教育工作者，唯有在日常细节中，让学生体会到情，感受到暖，待到离去时，才会有尊重与小心，有爱护与珍惜。如何收获这种德育效果？可以从以下几个角度入手：

关注日常——培养文明礼仪

在日常的教育教学中，应将视角更多聚焦在日常的礼仪训练中，力求帮助学生形成正确的道德观念、判断和行为规范。

荀子曰:“人无礼则不生，事无礼则不成，国家无礼则不宁。”日常的德育要在讲中练、练中学、学中成。教师在进行文明礼仪教育的时候，不仅要使用富有精神力量的语言滋润学生的内心，特定的礼仪行为训练更是必不可少。欲使德育理念入脑入心，真正落地生根，还要关注理念与日常生活的联系，从而培养学生形成真正的行为习惯，以此来推进德育的良性循环。

如何做?可以通过学校的礼仪教育来提升德育的成效，例如开设专门的研究课题，博采众长，邀请专家加入。同时要在教学资源、研究经费、教学硬件等方面给予充分保障，以求形成一套常态化、全方位且行之有效的德育机制。在全面培养学生文明礼仪意识时，要让学生真实感受到文明礼仪不仅存在于个人和校园，更要在家庭与社会中践行文明行为。

环境滋养——创造文化氛围

创造学校文化氛围，用文化滋养成长，帮助学生将文明礼仪内化成自觉行为。

教化之行，兴于学校。文明礼仪的校本课程固然重要，但学生的习惯模式并非一朝一夕养成的，想要彻底改变，绝非几门课程便能做到的容易事。将课堂所学应用在日常生活学习中，让文明礼仪真正在学生心田埋下“认同”的种子，这才是礼仪教育的第一要义。营造润物无声的教育环境是一种有效途径——专题宣传栏、主题黑板报、走廊提示语等，让学生每天耳濡目染于文明礼仪氛围中。

学高为师，身正为范。教师是学生模仿的楷模，是校园行走的礼仪使者，是教室里当然的“文化首席”，是对学生产生强大影响力的外在标尺。教师以尊重之情对待学生，学生便会以尊重之心对待社会。此外，礼仪展示课、礼仪说课……精彩纷呈的课题展示活动，礼仪成长指南手册，家长进校园礼仪讲座，可以更好地将礼仪教育融入日常教学中。

当所有外在的环境都在向学生施以正向影响时，学生便会以和善、尊重的态度面对他们周围的世界。“投我以木桃，报之以琼瑶”，当大多数人面带微笑报以善意之时，你也会不由自主地回馈以微笑，在这样的氛围之中，文明礼仪便会在我们的身边“传染”开来。正如德国著名哲学家雅斯贝尔斯所说：“教育的本质意味着：一棵树摇动另一棵树，一朵云推动另一朵云，一个灵魂唤醒另一个灵魂。”

有效引导——注重关键事件

把握教育中的关键事件，加以有效引导，帮助学生在细节中体味人性的美好。

校园中每天都在发生大大小小的事情，抓住其中的关键事件，便是抓住了教育的最佳契机。在校园里，宏大的叙事固然可以赚足眼球，但细节处更蕴藏着人生的美好与纯真的人性。比如初入新校园，你的一个小小的纪念品，便可以迅速拉近与新同学的距离；校长站在校门口的一句欢迎、一个微笑，亲切感和认同感便会自然而生；成人仪式上，教师的一次紧紧拥抱，也许会让学生心头微热、泪眼蒙眬；在与自己某段校园生活告别之际，将教室“最初的模样”留给未来即将坐在这里的学弟学妹们，文明之花便会在这些素未谋面的学弟学妹心里悄然绽放。这些关键事件，彰显的是自律与利他之心、达己达人之德、美美与共之情，应该成为学校教育最温暖的赋能。

美好源自内心之爱，细微彰显素养之本。对于毕业生而言，留言册的惜别是同学间美好情谊的宣言，横幅上的标语是母校的殷殷寄语，而干净与美好的教室寝室、恋恋不舍的母校情怀、感恩感念的纯粹祝福，或许才是这一段青春岁月里最好的印记、最美的画面。文明入学，优雅离开，这是公德与私德之间的完美连接；己所不欲，勿施于人，这更是推己及人的同理之心的彰显，这才是“五育并举，立德树人”的最美诠释。

对于一段美好的成长岁月来说，学生们在这里生活过、热爱过、挥洒过，告别过去的身份，留下多年的回忆，更应将干净整洁的美好与纤尘不染的纯粹留给这一方天地。有人说得好，学校之大，不只在于传递大学问、培育大真知，更在于涵养大格局、砥砺大情怀。尊重师者，对朝夕相逢的保洁阿姨亦然。小事见真章，细节蕴真情，将课堂之外的微小之力融于立德树人的全过程。

6 月，让毕业生的离校尽显文明和优雅，这也许是每所学校都应当思考的常态化教育课题。

（原载《中国教育报》2023 年 5 月 31 日“校长周刊”）

我的教育观

——答《第一教育》记者问

记者：您心目中一直追求与坚守的教育理念是什么？在日常教学中是如何践行的？

谢学宁：比如教师观，我来盐外之后，一直致力于打造“开放盐外”，就是坚持全球视野，用最好的钢炼打最好的刀，只要是好老师，我就争取把他们请到盐外来，三年前我在北京出差就想着把诺贝尔奖获得者请到盐外来给孩子们开开眼，虽然现在还没成，但我一直在等机会，而且这几年我们陆陆续续搞了很多高质量的讲座，我们开展了一个学生生涯规划圆桌论坛，邀请北上广深和全国知名的教育专家、行业翘楚来分享他们的经验智慧与特别思考。反正，我这里没有狭隘的地域观念，非得盐田老师、深圳老师；我这里也没有狭隘的资历观念，我自己也是特级教师、正高级教师，但是我一直认为名师不完全等于牛师，而孩子更需要的是牛师；我这里也没有狭隘的行业观念，非得教书的才是老师，好多不是当老师的高人对我们孩子的影响比老师大得多，他们虽然不是老师，但是可以当导师啊。之前我们邀请了很多校外专家牛人来做讲座，接下来，我们即将启动一项“未来领军人才强基计划”，每届遴选 50 名左右学有余力的种子选手，在常规的学业学习之外，由“校外导师”对这些孩子开展大格局、系统性、针对性引领。

比如学生观，我们坚持一个理念叫“琢玉成器”，但是，这里的“器”是大器、重器的器，不是小器、机器的器，是顶天立地的人物，不是只为混口饭吃的工具人、螺丝钉。条条道路通罗马，我们深圳的孩子一出生就在“罗马”，跟我们这一代为了生存、为了改命而奋斗的光景完全不一样了。“小镇做题家”那一套的有益成分我们还是要批判地借鉴，但是完全按考试刷题作业那一套，把那一套当成基础教育的全部，那就是对孩子发育空间的扼杀。鲁迅说，虚度别人的光阴无异于谋财害命，这里的虚度，不能理解为没有把时间花在学习上，更包含没有把学习时间最大价值地利用上，我们可不能当这个杀手！

爱因斯坦说过，“教育是当所学的东西都忘掉之后，剩下的就是教育”。所以，我这里可以负责任地讲，在盐田，我们盐外一直是以初中教育龙头主体的定位来思考问题的，我们有责任引领和带动新老兄弟学校整体进步。龙头就得有龙头的担当和状态，我们在规定动作上，比如中考，对我们盐外来说，考得最好只是低保，花最少的时间考得更好才是本事，我们要尽量把节约出来的时间为孩子更长远的成功和幸福奠基。为党育人，为国育才，立德树人，六育并举，比如全面开展劳动教育、构建满足学生个性需要的社团课程体系（自己亲自开设诗词鉴赏课：跟着古诗词游中国）、实施卓越人才的“强基计划”……我们要培养的是将来能获得诺奖的科学家、文学家；是那些引起美西方关注并封杀的卓越人才，这些人才在初中阶段的学习成绩未必拔尖，但表现出的惊人禀赋应该被发现并得到充分的呵护。对大部分孩子，我们力争尽量压缩面向中考应试的学科学习时间，把节约出来的时间也做一点素养的拓展，成为一个视野开阔、灵魂有趣的人。总之，我们要让每一个孩子都能获得最大限度的尊重、关爱与成长，让每一份期待都不辜负，让每一个天才都不埋没。这是一个美好的愿景，但绝对不是一句口号、一张空头支票。

实践证明，坚持立德树人，五育并举，把握好教育规律，就一定能为党育好人，为国育好才。

记者：您认为一所好的学校应该具备哪些特征？优质高效的课堂应该有哪些表现？

谢学宁：在我的心里，一直有个固执的想法。总觉得，最好的校园应该是有故事，可以令人发呆的。我指的有故事、令人发呆，包含两个方面的内容。一是校园环境自身有值得让人发呆的地方。校园的整体布局和角角落落不独追求功能的实用、外在的美观，更要同时追求内在的育人价值，形式优美，内涵丰富或者是活泼，或者是深刻，或者是大气，或者是精致，或者是温情，或者是冷峻，或者是新颖，或者是别致。总之，一定要富有审美品位和文化内涵，处处充满明示或暗示，引人入胜，促人思考，而不是徒有一串串好看的数字和一个个好听的理念，更不是徒有一座座漂亮的房子和一堆堆高端的设备。二是校园环境有允许你发呆的空间和机会。这样的校园，可以满足师生对自由、安全、闲适和独处的内心需求，适当讲究空间的隐私性和独立性。比如布局上曲径通幽、绿化上疏密有致、建筑上参差错落、设施上可坐可倚甚至可躺。当然，还需要科学民主的教育理念和张弛有度的管理文化。可以让人自由地对着一丛花或者一片叶子深入思考，可以在树底下捧起一本书忘我阅读，也可以什么都不想，什么都不做，就坐在那里或者站在那里静静地发呆，不必在乎别人怎么看你，也不用担心有人会打扰你。总之，最好的校园一定可以让师生特别是孩子自觉地放慢脚步，从容思想，自由“发呆”。学校是师生每天身居其中的处所，这个环境有趣或乏味、深刻或肤浅，往往会影响他们工作、生活和学习的心绪和质量。想让师生热爱学校乃至热爱工作、学习和生活，就要努力让学校变得深刻而可爱一些。

记者： *从湖南到广东，一路走来，您遇到过哪些挑战？又是如何克服的？*

谢学宁： 2019 年暑期，我有幸通过全国竞聘，成为盐外这所深圳东部名校的校长。到一个全新的文化语境和教育土壤“打拼”，我比较忐忑：2019 年来到深圳，我发现身边同行的进阶起点都是省级名师、名校长，大部分具有中学正高级职称或特级教师称号，教学质量优异，办学治校业绩突出，在区域具有社会影响力。而我虽然也有教育主张，但停留在感性经验层面，没有形成结构化、体系化的教育思想。有实践创新，但停留在关注学业、安全、检查、绩效层面，碎片化的经验多，拿来的方法多。有使命担当，但停留在区域内有知名度和社会影响力的范畴，积极投身更广阔视域发展战略的生动实践不够。

教书育人需要教育理解力的导航，我非常认同这个说法，要想提升自我教育理解力，必须做好三个方面的修炼。第一，与好书为友。教育理解力的核心是教育认知力，提升教育认知力主要有两个途径：一是直接学习，即主体亲身参与实践，获得一手的感性知识，再经过思考内化，上升为理性知识；二是间接学习，即通过阅读和聆听，把人类在长期实践中积累的知识进行选择性继承，再有机转化为个人的知识。从教师的职业特征来看，工作之后的知识获取基本以直接学习为主。因此，为了突破自身的局限，我们必须站在巨人的肩膀上，与好书为友，在阅读经典中汲取人类文明的智慧。第二，和高人对话。在职业发展的过程中，不要一个人“勇敢去追”“大胆去飞”，要建立一个由亲人、智者、知己、诤友、忘年交等不同领域、不同身份、不同年龄的人员组成的“董事会”，借助生命中的重要他人来帮助自己做好人生或事业的决策，从而少犯错误、少走弯路，成长得更快更好。当今社会是一个万物互联的社会，我们要主动敞开，积极连接，让更多高人成为发展中的关键人物，在不断与高人对话的过程中获得持续精进的能量，增加人生阅历与经验，促进成长反思与感悟，深化教育理解和洞察。第三，在行中悟道。理论是灰色的，实践之树常青。1917年，留学归来的陶行知在实践中屡屡碰壁，伴随不断的教育实践和反思，他更新和完善了生活教育理论，升华和确立了“行以求知知更行”的哲学思想，并最终耸立为中国近现代教育史上的“一代巨人”。

修炼教育理解力，既要与好书相伴，又不能只做书籍文字的存储器；既要与高士为伍，又不能只当他人思想的跑马场。只有积极地融进教育实践的现场，书中的理论和经验才能更为广泛、直接地转化为教育生产力，高人的理念和做法才能更为及时、有效地内化为教育行动力；只有“不在云端里跳舞”“贴在地面步行”，以知导行，由行致知，才能接教育地气，让理性认识更有现实契合度，经验梳理更具现实针对性，进而真正悟得教育之大道。对于教师而言，专业修炼没有终结时，只要坚持从现在做起，永远都是最好的时间。

记者：校园文化作为提升学生思想素质教育的重要途径，盐外有哪些文化活动、特色社团或者课程呢？

谢学宁：在校园文化培育上，我突出两个字：“人”和“美”。通过对教师言行举止的系统性提升培训和助力学生个性特长展示的各类活动，千方百计营造“让每个孩子抬起头来”的校园文化氛围。启动校园文化提升行动，谋划打造“盐外十景”，让每一位盐外人都成为盐外发展的共建者、共享者。

环境育人很重要，核心抓手在课程。对于基础型课程，我坚持采用校本化实施策略，让教师编辑适合学生的校本导学案和校本作业，制定《盐外“高效6+1”课程评价标准》，以评促改，发挥学生主体作用，培养学生必备品质与关键能力；开发以“海洋文化”为内核的拓展型课程，满足学生个性化需求，促进个性化发展。一有机会，我就鼓励学生走出校门，体验社会生活，感受大自然的蓬勃生机，研学、外语文化艺术节、模联以及实践类户外课程丰富多彩。我们创新推出2+1+1课程目标，每个孩子都要熟练掌握两项体育技能、一项音乐技能、一项美术（手工）技能。在盐外，学生不被“分数”束缚，爱笑、爱玩，要努力长成自己喜欢的样子，但学习成绩也毫不逊色。尊重学生、敬畏专业，对教育事业从不愿随波逐流。这是教育者应有的初心和坚守。现在的盐外校园，建筑是美的，并且努力以文化人，现在的师生是美的，文质彬彬，然后君子。更重要的是，教育生活充满了温度，充满了美。学校的高度，就取决于师生的生命温度、精神广度。教育，应该成就生命的美好与人生的幸福。我愿意用一种榜样示范，让管理更接地气，让校园生动和谐，让教育彰显美好！

记者：在您的执教生涯中，有哪些难忘的故事可以和观众朋友们分享？

谢学宁：一方特别定制的水晶镇纸，封存着两粒时光胶囊一般的纪念物——油菜籽和菜籽油，一本关于这份礼物的“小情书”——《一颗油籽的花样年华》，还有出自同学们之手的手绘“校园十景”的定制书签。这就是学生口中“超浪漫”的毕业礼物。学校2020年冬天种下油菜花，2021年3月，正值疫情期间，同学们都无法回到校园，只能在家中“云学习”。学校拍下黄灿灿的油菜花田，在美术课上让同学们“云写生”，让拥有油菜花的校园春天定格在画布上。到了5月，学校又组织同学们收割油菜，还满足大家心愿，让同学们亲自打菜籽，并且目睹了榨油过程。“每一粒种子，都有一片适合它的土壤，撒下一粒种子，就是播撒爱与希望。你的凝视，让贫瘠变得肥沃，瘦弱变得茁壮。”《一颗油籽的花样年华》，是学校对学生的“告白”。“忆梧桐大道，展油籽芳华。”水晶镇纸上的一句话，讲述着背后的芬芳故事。

好学校是规划出来的，

更是奋斗出来的。

奋斗不是校长一个人的奋斗，

而是发展共同体中每一个人的奋斗。

但是，如何让这个团队放飞梦想、绽放激情、同心同德，

校长是第一旗手、第一号手和第一鼓手。

每个学校周遭的环境不同，

面临的问题也不一样，

向更大的愿景、更高的品质、更强的实力

稳步前行的大方向是一致的。

第四辑

奋蹄一线

认清形势，开足马力，久久为功[10]

老师们：

这个暑假，我时不时就常想起朱自清老先生，想起他在《荷塘月色》开篇用的那个词，“颇不宁静”！

一、当前学校发展面临的紧迫形势

我之所以颇不宁静，原因有三，有些内容在行政务虚会上也讲过：

一是我们把状元给弄丢了。虽然状元这事儿七分靠实力三分靠运气，虽然全区前十我们独占九席，高分段学生也是当仁不让的全区老大，但是在全盐田人民心中，盐田的中考状元，他就应该是盐外的标配啊！更让人毛骨悚然的是，今年我们丢了个状元，明年会不会连榜眼、探花一起丢了呢？如果丢了，全盐田教育系统的人怎么看我们，辖区居民群众怎么评价我们？这样的忧患意识要有。

二是我们的办学优势很可能即将被稀释。区教育局正在积极谋划布局高质量发展体系，据说，其中跟我们息息相关的有两个事：一个是新建成的田东中学、沙头角中学很可能会引入深圳中学或华南师大

10　本文为 2021 年 8 月 24 日在盐外 2021—2022 学年第一学期开学教师大会上的讲话。

附中的资源，挂牌“深圳中学田东学校”或“华南师大附中田东学校”；二个是有可能将盐高、田东中学、沙头角中学组团打造成“盐田高级中学教育集团”，无论是其中哪个方案获通过，特别是，如果“深圳中学田东学校”搞成了，我们的生源优势将不复存在。这种局面一两年内应该就会现实得惨不忍睹，而社会对我们的期待并不会随着这种形势的变化而变得理性，盐外这个牌子难不成要砸在我这个区政府勒紧裤腰带花一百万引进的校长手里，砸在我们这个曾经号称全盐田最优秀的教师队伍手里？

三是我们学校现在的运转状态与高质量发展的时代要求是不匹配的。老师们可以问问自己的内心：我们盐外是你理想中的样子吗？我们在教育上的作为让自己满意吗？孔子说“古之学者为己，今之学者为人”，所谓“为己”就是让自己满意，刀刃向内；所谓“为人”就是让别人满意，迎合别人。我特别在意让自己满意，因为教育是一个良心活，没有什么比师者良知的标准更高。但是看看我们的实际情况呢，事实上我们很难说问心无愧，问题是多方面的，结构性的问题、深层次的问题数不胜数。我不管这些问题是历史遗留问题，还是新产生的问题，也不管是政策变化带来的问题，还是校长和老师们的问题，统统都摆在了在座的每一位当下的盐外人面前，人人有份，个个都跑不掉、逃不脱。

二、制约学校持续健康发展的问题

我们现在到底存在哪些问题呢？这个暑假我细细地梳理了一下，结合“十四五”规划的编制研究成果，包括但不限于：

一是我们的生源结构将面临巨大的变化，取消盐外和外小直升和区内各校优质生源推荐，对我们的影响是巨大的，这个已经无须赘述了；但我们对随之而来的问题的估计还不充分，以前我们的重心可以放在辅优上，但是未来，我们则要将更多的精力放在提优和救差上，也就是把正态分布的中间部位拉扯到优秀生的行列，把那些学困生也要变成积极的上进者。

二是我们的外语特色优势正在走向枯竭。关起门讲，虽然我们的校名是外国语学校，但我们的外语优势并不明显，别说影响力，连存在感都没有。而且现在市面上关于外语特色优势面临洗牌的声音越来越多。但是只要还没有说正式取消外语的主科地位，我们又有这样的基础，那么，我们还要继续把外语的品牌擦亮。要保这块牌子，没有过硬的平台不行，没有骄人的表现不行。“十四五”期间，我们希望争取品牌型外语赛事落户盐外，我们在外语上的师资引进也要加大力度、拓宽渠道。但我们同时要寻求新的特色支撑。

三是我们教师队伍的干事创业的劲头不足。这个不足可以反映在：工作热情特别是主动创新的热情不高，主动磨课、主动钻研、主动出成果的意识不浓郁。这是个大问题。因为教师是最容易产生职业倦怠的工作，自己不给自己找点乐子，不去享受教育，我们可能会被琐碎的工作给绑架、给消磨掉锐气和灵气。一个学校最根本的就是学生和老师，而老师又是根本中的根本。生源好不好，学校都要办，老师都要干。虽然我们现在还可以吃点老本，但是很快，象狮虎豹狼都要来了。我们可不能连挣扎都没有挣扎，就心甘情愿地被后浪拍在沙滩上。

四是我们面对新形势新任务还有很多准备不足。近两年，国家密集出台了多项基础教育改革文件，涉及“学生综合评价”“五育并举”“新中考”“双减”等领域，每一项改革政策都是对学校现行教育生态的重塑和运转与应对能力的考验。学校与本市很多其他学校一样，存在着功能空间、技术能力、课程设置、师资建设上的准备不足。

三、学校发展的主要有利形势

有危机意识是很重要的，也是很有必要的，但是危机感不是悲观主义，我们还是不能长他人志气、灭自己威风，危机危机，关键不是被“危”吓倒，而是要从危中看到“机”。至少我们有三大优势还是可以理直气壮地摆出来讲的：

一是全区初中龙头地位短期内难以被取代。一方面我们的生源优势还有三年时间，另一方面即便是深中挂牌的学校能办成，也得三年后才能见效。所以我们有三年的相对安全期，只要能稳得住，我们就可以“二次腾飞”，而且这第二次腾飞比起第一次一骑绝尘更加值得崇敬，因为这全是靠我们的勤劳和智慧在与竞争对手的厮杀中创造的伟业。

二是助推盐田教育高质量发展的基础最好。我看过即将出台的《中共深圳市盐田区委盐田区人民政府关于推动盐田区基础教育高质量发展的实施意见》（征求意见稿），我们可以比任何一所区内初中更有能力做先锋。这种基础优势有利于我们在未来 3—5 年盐田教育高速发展的大蛋糕中切分到更多机会和资源红利。

三是盐外教师队伍整体比较优势潜力深厚。虽然我对老师们习惯了吃老本这种状态表示忧虑，但是瘦死的骆驼比马大、沉睡的狮子也是狮子，只要我们的激情调动起来了，我们的老师就有足够的能量去创造辉煌和奇迹。

四、与全体老师共勉的几点要求

作为学校的竞争与发展，就像逆水行舟，不进则退。而学校的竞争本质上还是教师的竞争。关于人才的竞争，中国众多企业中，华为是一个独特的存在，而他们最大的一个企业精神就是“不忌讳谈钱”，在华为内部，一切向钱看，就是最基本的道德。我们学校有特殊性，比较和谐，在编的老师之间拿钱差不多，不在编的老师之间也是一样，所以我们只能朝“名”看，朝“成就”看，有名了你到底要不要去将名变现，我是不管的，但是我希望每一位老师都有做名师、名班主任的追求，不断遇见最好的自己。所以这里提几点要求共勉：

一是要做好专业上的能手。每一位老师都要加强反思并积极参加各类专业提升活动，赛课也好，征文也好，有机会就试一试，要习惯于在这种专业活动与专业思考中找乐子，重新理解我们的事业是多么的神圣和有趣。学生才是我们事业和幸福的源头活水，好多人想拥有这样的平台和机会，可叫一个求之不得啊。我们近水楼台，利他利己，何乐而不为呢？所以每个人都要有教育家的胸怀，这样我们就可以从眼下的苟且看到光，我也就不会去斤斤计较。我们才有雅兴去比较纯粹地思考教育和享受教育。

二是要做好管理上的帮手。班主任和科任老师之间、年级长与班主任以及科任老师之间，都一定要做好“补位”和“补台”。我们学校的老师素质都比较高，整体氛围也很和谐，所以强调“不要拆台”就太 low 了。我们的重点是要放在把每一个孩子都当成一个独特的生命个体和课题，对优秀的孩子要为他的更加卓越设计道路，对现在差一点的孩子则要坚持不嫌弃不抛弃不放弃。所以大家要群策群力，必要时我们还可以借助外脑外力，反正要让每一个盐外孩子对盐外培养起深深的归宿感和荣耀感。

三是要做好学校品牌的鼓手。我有一句名言，可能大家还不知道，（笑），叫“宣传也是生产力”。在这个新媒体时代，宣传力可是学校的重要软实力。我们常说，领导说你好，不好也好，领导说你不好，好也不好。我们老师没有那么多的领导，但是舆论就像我们的领导。所以我们的老师们，除了要教好书，还要学习“吹好牛”。当然，我们盐外本来就很好，只是我们之前都太内敛了。新媒体时代，碎片化阅读，审美和心态的娱乐化是一种重要特征，这决定了有两个东西很重要，一个叫“讲故事”，一个叫“可视化”，这两个东西做好了，在这样一个全媒体时代，我们根本都没必要提什么建设深圳东部名校，完全可以提建设世界一流名校。当然，这需要一个过程，但是只要我们方向准了，一年不行就两年，一任校长不行就两任校长，一代人不行就两代人，开足马力，久久为功，胜利一定属于敢想敢干的盐外人。

对自己负责，努力做人生赢家[11]

亲爱的老师们、同学们：

大家上午好！

“晴空一鹤排云上，便引诗情到碧霄。”在这金风送爽、五光十色的丰收季节，在秀甲世界、美动心扉的大鹏湾畔，新学年的钟声已经敲响，我们又踏上求学奋进、追求卓越的新征程。今天，我们怀着喜悦，怀着憧憬，在这里隆重举行 2021—2022 学年第一学期开学典礼！今天，我们带着祝福，带着期盼，共同见证 592 位新同学和 25 名新晋教师迈入初中生涯和教育生涯的第一步！我代表全校 2000 余名师生对初一年级的小朋友们、家长朋友们、新老师们成为盐外大家庭里的一员表示诚挚的欢迎和热烈的祝贺，感谢你们对盐外的信任，期待你们与盐外共同谱写更灿烂的明天！

在此，请允许我向全体盐外人，道一声“大家辛苦了，我爱各位可爱的追梦人！”当然，也包括我自己。

作为深圳东部品牌学校，盐外在教育教学各方面一直领跑盐田区，并跻身全市前列。但是，最值得我们骄傲的是，盐外拥有一群勤勉严谨，团结拼搏，锐意进取，勇于争先的优秀教师，是他们不忘初心、

11　本文为 2021 年 9 月 3 日在 2021—2022 学年开学典礼上的讲话。

脚踏实地的付出让学校成了“金口碑”学校。在此，我首先要对每一位盐外教师说一句：你们是最棒的！此时此刻，我们的心情和馆内的氛围、温度一样，都是火热的。

我知道大家不喜欢听长篇累牍的校长发言，所以，尽管是在这样一个标志着新起点的庄严时刻，我也只是对每个年级的同学们各说一句话。我没有讲到的，欢迎大家去读读我写给小升初学子的十封信，这十封信不仅适合初一学生读，从初一到大一、研一、博一的求学人都值得一读。

第一句话送给七年级的新朋友：我们充分认可你过去的优秀，但我们更期待你未来的卓越！

初一，我们站在新起点，迎接新世界，也将面临新挑战，追梦新未来！在这个五彩斑斓的青春季节，我们要：拥抱广阔的世界，徜徉知识的海洋，享受思想的乐趣，用好语言的画笔，保持审美的心境，挖掘无限的潜能，书写青春的故事，遇见最好的自己。

有人说，“初一懒，初二散，初三才来赶！”虽然荒谬至极、愚蠢至极，但确实有很多孩子用实际行动印证了这份荒谬和愚蠢。能进盐外，只能说明你过去很优秀，但初中是一场持久战，谁笑到最后才笑得最好！好的开始意味着成功了一半，所以，每一位同学一开始就要以饱满的热情、昂扬的斗志，投入各门学科的学习！奋斗的青春最美丽，追梦的人们最精神！加油，少年！

第二句话送给八年级的大朋友：我们原谅你过去的不完美，但我们希望你奋发两年换个未来的不遗憾！

人生最大的失败不是失败本身，而是虚度年华，而是浪费天赋，而是没有奋斗到底！英国大文豪莎士比亚有句名言：“The past goes with the wind，not to mention guilt，not to mention let bygones be bygones！（往事随风，谈不上歉疚，也谈不上既往不咎！）”初一是个分水岭，有很多优秀的的同学脱颖而出、更加优秀，也有很多优秀的同学放慢脚步、让出路来。但是，老师是这个世界最宽容的群体，过去的我们就不计较了。但是，初二是个转折点，我们欠下的账还不多，一切都还来得及；人的潜能是无限的，现在年级落后的同学只要潜心修炼，两年后考上深中我一点都不会觉得奇怪！然而，倘若你还是对自己太宽容、太放纵，对不起，我们就要老账新账一起算，不仅老师会唠唠叨叨，父母会婆婆妈妈，我们甚至会千方百计地让你的灵魂颤抖！少年，为了无悔的青春，加油吧！

第三句话送给九年级的老朋友：我们再不会施加额外的压力，但我们希望你对自己负责，拼光最后一颗子弹！

初三了，该说的我们都说了，该做的我们也做了。这个时候，我们有必要重温法国大思想家伏尔泰提出的一个谜语：“世界上有一样东西，它是最长的也是最短的，它是最快的也是最慢的，这样的东西可以使你渺小地消灭，也可以使你伟大地永续不绝。”大家说东西是啥？（同学：时间）对，就是时间——这个神奇的魔法师。各位同学，现在看看你们身上，穿的衣服、戴的眼镜、买辣条的零花钱，哪一样是属于你的？没有。唯一属于自己的东西就是时间啊，这个时间，用得充分、用得高效，你就是下一个谢子萱、下一个易婧，舍不得用、没有目标地用，你就成了下一个方仲永！退一万步说，兄弟，你不珍惜时间、不努力，你不会把母校搞黄，也不会拿爹娘怎么样，父母和老师也就是中考成绩前后那几天不好过，想通了也就想通了，可是你后半辈子要弥补这中考的失利得多花出好几倍、好几十倍的努力啊，而且很可能再怎么补都补不回来！所以，放手一搏吧，各位可爱的盐外人，各位可爱的追梦者！

最后，祝愿亲爱的盐外人，学习能量满满，身体健健康康，挥洒火热青春、当上人生赢家！开学大吉！

时不我待，快马加鞭，夯实盐外品牌根基[12]

磨刀不误砍柴工，在展开新学年一系列“务实”工作之前，我们先来“务虚”，这是很有必要的。务虚不是聊闲天、吹壳子、搞形式，而是开诚布公、推心置腹地谈问题、讲看法、提意见。刚刚听了大家的发言，总体感觉是，大家都做了一定的准备，但是格局还没有打开，也可能是受“不在其位，不谋其政”的传统观念束缚，大部分同志都紧盯着自己的那一亩三分地儿看问题，没有从推进学校治理体系和治理能力现代化的高度，没有从为校长分忧解难的角度来做一些突破性的思考。当然，大家手头的事情都比较多，没少辛苦，我也不怪大家。下面我谈几点个人意见，也未必对，请大家批评指正。

一、坚持问题导向，清醒认识学校发展面临的形势

当前制约盐外发展的主要问题有四：

12　本文根据 2021 年 8 月 28 日在 2021—2022 学年第一学期行政务虚会上的讲话录音整理。

一是生源优势将被稀释。2021 年起，区内各校优质生源推荐已停止；2026 年，盐外小和外小东和分校直升盐外的政策倾斜将终结；区教育局在盐田教育高质量发展体系的整体谋划中，将引进市内外知名学校挂牌义务教育新建校作为重中之重。这些势所必然将给学校生源结构带来巨大影响，而社会对盐外的期待并不会随着这种形势的变化而瞬间变得理性，学校发展面临短期阵痛。

二是外语特色面临洗牌。建校以来，作为全区唯一的外国语初中，外语特色为学校的品牌建设贡献了特殊的口碑与力量，但近年来舆论对外语是否应继续作为主要学科争议较多，近期上海市在小学阶段正式取消外语的主科地位，未来，淡化或变相淡化外语主科地位的趋势或加剧，学校急需新的特色支柱。

三是人才队伍强化乏力。受内地省市教师福利待遇提升幅度较大，本区在人才引进政策方面与其他市内兄弟区相比并无显著的比较优势，以及交通便利程度不足、配套服务设施布局不充分不均衡等环境因素影响，学校对顶尖教育人才的吸引力不足，一些头部人才、潜力人才流失现象严重，人才“引得进、留得住”工作压力较大。

四是落实新政准备不足。近两年，国家密集出台了多项基础教育改革文件，涉及“学生综合评价”“五育并举”“新中考”“双减”等领域，每一项改革政策都是对学校现行教育生态的重塑和运转与应对能力的考验。学校与本市很多其他学校一样，存在着功能空间、技术能力、课程设置、师资建设上的准备不足。

二、增强信心信念，用足用好学校发展的机遇与优势

盐外“十四五”期间的主要有利形势有：

一是全区初中龙头地位短期内难以被取代。一方面我们的生源优势还有三年时间，另一方面即便是深中挂牌的学校能办成，也得三年后才能见效。所以我们有三年的相对安全期，只要能稳得住，我们就可以“二次腾飞”，而且这第二次腾飞比起第一次一骑绝尘更加值得崇敬，因为这全是靠我们的勤劳和智慧在与竞争对手的厮杀中创造的伟业。

二是助推盐田教育高质量发展的基础较好。我看过即将出台的《中共深圳市盐田区委盐田区人民政府关于推动盐田区基础教育高质量发展的实施意见》(征求意见稿)，我们可以比任何一所区内初中更有能力做先锋。这种基础优势有利于我们在未来 3—5 年盐田教育高速发展的大蛋糕中切分到更多机会和资源红利。

三是盐外教师队伍整体比较优势潜力深厚。虽然我对老师们习惯了吃老本这种状态表示忧虑，但是瘦死的骆驼比马大、沉睡的狮子也是狮子，只要我们的激情调动起来了，我们的老师就有足够的能量去创造辉煌和奇迹。

三、敢于突破超越，为盐外打造深圳名校添砖加柴

老师这个行业很特殊，只要不断学习、不断超越，年龄再大都是青年，不思进取、得过且过，再年轻也是老朽。从来不要把自己束缚在一个普通老师的身份来看专业问题，而是努力从上帝视角来确定问题的坐标，纵横捭阖，别开境界。

想跟大家倡导几个理念：

一是每个人都要有当校长的担当。这样一来，思考学校的任何或整体或局部问题，你和我才能在同一个高度和频道，我们的心理距离

自然就近了。

二是每个人都要有教育家的胸怀。这样我们就可以从眼下的苟且看到光，我也就不会去斤斤计较。我们才有雅兴去比较纯粹地思考教育和享受教育。

三是每个人都要有当头牌的闯劲。追求极致是一种生活方式，轰轰烈烈是活，贪生怕死也是活，平平庸庸是活，放光放彩也是活，何不让自己的人在奋斗中更刺激更美好呢。

为建设世界一流水平的深圳名校再立新功[13]

今天，本学期、本学年的各项工作将告一段落，我们将迎来期盼已久的暑假，大家忙碌而疲惫的身心也可以稍作休整。首先，请允许我向大家道一声辛苦，懂的都懂，这一年大家都太不容易了；其次，也请允许我向大家道一声感谢，没有各位的鼎力支持和包容理解，我这个外来“和尚”，是当不好这三年校长、念不好这三年“经”的。

前不久，我以《夯实新基建，拓展新空间，再造新盐外》为题向区教育局和全体教师做了一次述职报告，从五大方面梳理了过去三年我们盐外人的主要努力、探索和创获：一是以高站位引领“新高度”，牢牢把握盐外新时代社会主义办学正确方向；二是以大格局重塑“新定位”，开启盐外建设中国特色世界一流中学新航程；三是以真功夫夯实“新基建”，建立健全适应新发展形势的现代育人体系；四是以新精神拓展“新空间”，最大限度挖掘学生潜能和学生发展可能性；五是以感恩心提升“新境界”，为盐田教育事业大繁荣大发展倾注全部心血。

这五个方面是我对组织的一个交代，同时也是我们“十四五”期

13　本文为 2022 年 7 月 10 日在盐外 2021—2022 学年度总结大会上的讲话。

间乃至更长时期学校发展的发力方向与方位，所以我今天这个讲话与这个述职报告的精神一脉相承，主题是《夯实新基建，拓展新空间，为建设世界一流水平的深圳名校再立新功》。这个主题一共有三句话，包括三个层面的意思，这几个层面的意思认识到位、执行到位，我们就一定能再攀高峰、再立新功。大家时间宝贵，我今天就主要讲讲这三个层面的意思，希望我们在新的奋斗征程中凝聚起新的共识。

一、"世界一流水准的深圳名校"不是画饼，是完全有条件、有信心、有能力实现的发展愿景

对于学校的发展规划与治理实效，我喜欢广泛收集意见建议，包括老师的、学生的，还有社会各界的。其中就听到一些老师议论，说我们在"十四五"规划中提出的"打造世界一流水准的深圳名校"属于痴人说梦、痴心妄想，是画饼、是忽悠。我非常理解持这类意见的同志们的心理，我在想，这里面主要有三个方面的原因：

一是受自身认知的局限。正如贫穷往往会束缚人的想象力，当我们对教育的认知长时间地停留在"按部就班地上个班""不求有功、但求无过地教个书""考试成绩一好遮千丑"的层面，我们就肯定不会带着教育家的情怀、使命感，去过多地思考"什么是教育的终极目的？""什么是新时代教育该有的模样？""从来如此，就对吗？""我的认知偏狭会不会成为束缚学生成长发育的格局天花板？"

二是对小盐田办大教育信心不足。实事求是讲，从一些显性指标看，盐田从经济实力、人文底蕴、人才资源等方面，在深圳各区中都不是最顶尖的，而缺乏这些关键支撑，办世界一流水准的深圳名校是难以想象的。再说，小盐田办大教育那是区长、局长想的事情，跟我

当一天和尚撞一天钟的普通老师有个什么干系？而且历史经验无数次地证明了改革创新想干事的人，一大把是费力不讨好甚至没有好果子吃的人，何必呢？

三是适应盐外自我革新的新常态存在本领恐慌，不愿意走出舒适区，学习新技能。好像对自我潜能的每一次挖掘就是割一回身上的肉，对自我能力的每一次新挑战就是有人在故意做局刁难。

对此，我想说的是，大家不要妄自菲薄，要把我们这个目标愿景放在新的时代语境下来思考。世界一流水准肯定需要票子来堆，但更根本的是教育理念的先进、校园文化的纯正、师生精神状态的知性优雅与积极向上，而这些根子上是靠“人”为的。我们经常说“事在人为”，我觉得，对于办一所世界一流水准的学校而言，比“事”在人为更重要的是“势”在人为！如果我们人人都有教育家的情怀、大国工匠的精神，再用足用好新媒体时代的传播手段与技巧，把具有世界一流水准的点点星光合理放大，用一束光点燃另一束光，这个事情是干得成的，盐田区也是能够提供基本的物质支撑的。当然，这肯定不能一蹴而就，需要一定的时间，学校也没有要急于求成，但是我们的眼里、心里要装着星辰和大海。

二、“拓展新空间”就是要让教育融入时代、融入社会、融入终身发展，借助一切可以借助的资源和力量

现在时代变了，评价教育成效的尺子不是一把，是很多把。有些是我们手里的，但更多的是掌握在别人手里的；有些是看得见的，有些是看不见的，而有些看不见的尺子比那些看得见的尺子更能定胜负、决成败，我们每个人都有这样的经验或是教训。

过去，我们是教育规则的执行者与受益者，我们甚至可以自说自话、闭门造车，但是现在不一样了。我们掌握的知识储备，学生可以利用人工智能轻而易举地获得；我们所体验的新玩意、新技能，很可能是学生小学就玩剩下的；我们所沾沾自喜的思想，学生可以很容易地找出一个比我们高出不知道多少倍的大拿来把我们瞬间变成“矮子”。也就是说，我们得承认学生比我们“厉害”，但是我们很多老师不以为然，还仗着身份上的优势摆架子、装样子，最后的结果是什么呢？

最近我跟一位今年初三毕业的孩子有过一个接触，他反馈的一个情况，虽然只是个案，而且我相信在其他学校更为普遍，但值得我们深思。他说：“对小学的老师，我们是有‘师恩感’的，但是，对初中的老师，至少我没有。好多老师上了几年课，竟然对我们学生是对不上号的，这样的老师我怎么能产生‘师恩感’呢？当然，也许老师压根就不在乎我们这微不足道的所谓‘师恩感’。”

老师们，这可不是个小事！教育的基本关系是师生关系，教育的灵魂就是师恩相承啊，这个学生说这些话的时候波澜不惊、非常淡定，但，这是一种虽然无力却发人深思的提醒啊。当学生对学校、对学校老师的最后印象就是“这是一所不能让人产生‘师恩感’的学校，这是一个不能让人产生‘师恩感’的老师”，这就无异于我们含辛茹苦拉扯大的孩子说他为有我们这样的家长深感遗憾。

我不知道大家怎么看这个事，也许习以为常、也许理所当然、也许无关紧要、也许随他去吧，但是我产生了一连串的问题：是什么让我们的老师再不能给学生以“师恩感”？这种趋势是否需要扭转？如果需要扭转那么如何扭转？我得出的结论是：之所以不能给学生“师恩感”，根子在我们的老师的整体状态跟不上知识加速更新时代的节奏步伐了，而这种趋势长此以往后果将不堪设想，教育的崇高与价值将不断地被稀释直至完全冲淡，所以必须加以纠偏，哪怕像西西弗神话中那个向山上推石头的人一样。而应对的方略，最根本的就是要把我们的教育融入社会、融入时代、融入学生的终身发展，具体的举措就是，利用好一切可以利用的平台、资源和力量服务于教师的成长、学校的壮大，厚植学生成才的土壤、培育学生高贵的文化血统。具体说来，我觉得应该包括如下几点：

一是把古今中外作为学生成长发育的景深，引导学生读一流的书、做一流的人、干一流的事，拔高人才定义空间；

二是主动将盐外放在国内外优秀学校的大棋局中对比、观照，找差距、明方向，见贤思齐，拓宽发展想象空间；

三是以至少20年、30年的预见视野重塑学生核心竞争力的谱系清单，聚焦重点、精准发力，掘进学生能力空间；

四是充分听取各方面特别是学生的意见建议，切实将学生、家长纳入学校发展的共同体，群策群力、扎根生命，壮大资源互助空间。

三、“夯实新基建”就是要以“建设世界一流水准的深圳名校”为目标完善架构、培育惯性、构筑基础

所谓新基建，我借用了经济学上的一个概念，本质上就是“学校治理与现代育人体系”，这是学校各项事业发展的基础设施。就像一座城市要有供水系统、供电系统、交通路网一样，一所学校的运转和进步也必须要有一整套完善的基础设施系统作为支撑。只不过，因为我们所处的时代不同，我们的雄心壮志不同，我们对这套基础设施系统的运转方式、运转效能有新的考量、设计和期待，所以叫“新基建”。

我一直讲，盐外不是哪一个人的盐外，是每一个盐外人的盐外，每一个盐外人都要以主人公的姿态把自己摆进来，动脑筋，想办法，

贡献智慧和力量。这个暑假，我希望每位老师都围绕“盐外建设世界一流水准的深圳名校”这个中心议题想想招，相关部门可以面向师生和社会面搞一个“盐外建设世界一流水准的深圳名校”的主题征文比赛，汇聚更多有价值的意见建议，我们一起来干一件大事。我这里目前有些个不太成熟的零星想法，还不成形，权当抛砖引玉。比如，我们很多校园资源是沉睡的，或者说运转是低效的，如何盘活它，让它最大限度地发挥育人功能、体现教育价值？又比如，我们的机构设置是完善且较为先进的，但是我们对教育的引领与服务却是缺乏创造力和生命力的，如何开创新局面新境界？再比如，我们盐外的师生中是藏龙卧虎的，世界一流水准的好学校都有一个共同点，就是不断地挖掘和展现教师和孩子的精彩，但是我们在这方面做得还远远不够，如何做得更好呢？凡此种种，都可以去思考，但是肯定不止于这些，我热切期待着老师们能为盐外贡献更多更成熟的意见和方案。

今天就讲这些吧，祝大家度过一个充实而高质量的暑假！

一张蓝图绘到底，强内功、抓质量、树品牌[14]

结束了愉快的暑假，我们即将迎来更加愉快的工作。作为新学年的第一次全体大会。当前，我们说了很久的“狼”来了，“狼”来了，这回真的来了——深圳高级中学盐田学校已经正式加入盐田基础教育的赛道了，九年一贯制，小学多少个班多少人、初中多少班多少人，小学我们不管他，跟我们没关系，但是初中，因为地理位置的相对优越，再加之深圳高级的名校加持，对我们的生源正在并将持续造成冲击，我们要延续盐田初中龙头老大的优势，实实在在应该有一点的危机感了。因此，我们今天的会议聚焦一条主旋律：一张蓝图绘到底；三个关键词：强内功、抓质量、树品牌。

一、盐外还是盐外，我们有自己的底蕴自信、道路自信和文化自信

盐外的发展，一直备受关注，我们曾经享受了资源集中的幸福，

14　本文为作者 2022 年 8 月 28 日在 2022—2023 学年第一学期开学大会上的讲话。

也要能经得住辖区群众和社会各界挑剔的眼光。辖区群众没有义务去了解我们办学面临的严峻形势，他们的心目中早已经习惯了盐外就是盐田区最好的初中，状元的摇篮，几乎垄断全区前十强，我们考得好，他不会表扬你，因为你本来就该考好，考得不好，他就一定会批评你，这就像我们语文老师改作文，考生本来就不应该写错别字、用错标点符号，我们不会因为不写错别字、不用错标点符号给考生加分，但是考生若出现了这些情况，我们一定会扣分。我们树立一个品牌，可能需要几世几代，历经千辛万苦，但是毁掉一个品牌，也许只是一个老师的一个言行，或者一次考试的失利，就够了。辖区群众给我们容错的机会是有限的，第一年可以是意外，可以是校长运气差，第二年要是再考不好，人家就会说是大势所趋，就会用脚投票了，到那时，我们老师的尊严和地位也会一定程度受到影响的。所以，我们要清醒地认识到，我们是盐外的命运共同体，盐外这个牌子，它的龙头地位，在我们手里容不得半点闪失。

当然，我们在竞争过程中、竞争战术上要重视对手，在战略上还是要藐视对手，毕竟，盐外还是盐外，我们办学 20 年的深厚积累，不是说能被超越就能被超越的，当前盐外办学至少有三大基本自信支撑我们的事业稳步向前的：一是底蕴自信，盐外有一批富于仁爱之心、精于教学教研、善于引领学生的教育人，有一批覆盖各学科领域、高含金量的荣誉，这些都内化为盐外的基因和传统，盐外孩子的优秀是在这样肥沃的土壤中“长”出来的，而不是一些短平快的手段“催”出来的。二是道路自信，我们结合世界教育发展大势和盐外的实际，高水准研制了站位高远、目标科学、路径清晰的《盐外发展“十四五”规划》，明确了建设彰显中国特色、具有世界一流水准的深圳名校的办学愿景，别的学校或者单位是为做“十四五”规划而做“十四五”规划，我们是因为需要一个科学的引领，才做“十四五”规划，所以我们把这个规划真正作为引领发展、凝心聚力的指南。三是文化自信，我们的文化自信不是说校园文化的景观，也不是图书馆藏书多少，而是把文化真正作为一种治理能力和成长与存在方式，经过近几年的持续发力，老师的文化面貌，学生的文化举止，学校活动的文化意义，都成了盐外特有的气韵，当然，文化是一个具有无限的可能的道，我们还要继续丰富其内涵，让盐外人享受更多文化的福泽。

二、盐外就是盐外，我们必将延续内功优势、质量优势和品牌优势

如果说，我用“三个自信”给大家打气是形而上的务虚，那么，下面我就来系统地梳理一下，我们盐外具体的优势有哪些，用看得见、摸得着的务实来夯实这份底气。我大致理了一下，我们至少在三方面有一定的比较优势：一是内功优势，我们有以学生为中心的优良传统，（这学期，我们还可以在学生议事机制上做一些创新突破）；我们有起点高、经验足的师资队伍；我们有完善的学生社团体系；我们有高质量的科研能力；我们有以改革促发展的勇气；等等。二是质量优势，我们已经连续多年在中考区十强方面保持绝对优势，并几乎包揽历年中考状元；我们已经连续多年在一些重大赛事中代表全区同类学校最高水准；我们已经连续多年在教科研成果领域占据全区头部水准；我们已经连续多年在特色化个性化育人方面深度耕耘并摸索出一整套行之有效的经验做法。三是品牌优势，我们拥有目前盐田区最强的名师名班主任阵容；我们拥有目前盐田区美誉度最高的舆论口碑；我们拥有盐田区最得天独厚的学习环境；我们是实至名归的盐田最美学校、龙头初中。大家听到这里，会不会心潮澎湃？会不会幸福感爆棚？如果我们仅仅满足于此、止步于此，那就太不盐外了。我们可以列出一

100 个盐外值得骄傲的理由，我们也一定可以列出 101 个盐外不能自满的理由，因为我们的龙头是盐田区的龙头，我们的优势是盐田区的比较优势，放在全市、全国、全世界来看，我们的差距还很大，要下的功夫还很多，面临的挑战还很严峻。

三、盐外之所以是盐外，是因为我们不是以办盐田最好学校为最高目标，而是以办世界一流名校为使命担当

古人讲：“立乎上，存乎中；立乎中，存乎下。”我们只有以更大的愿景、更高的要求、更严的标准，才能在更加激烈的竞争中始终立于不败之地。当然，我们这个竞争是教育竞争，不是那些个庸俗的、不择手段的市场竞争，我们是永葆教育情怀的竞争，是讲究盐外风度的竞争。龙头就要有龙头的样子，老大就要有老大的气派，我们要在方方面面帮助其他兄弟学校快速成长，我们更要在一系列围绕教育教学的关键领域勇立潮头、争创标杆，起到当仁不让的示范引领作用，这些方面就是我们接下来一段时期的工作重点，包括但不限于以下十个方面：一要用足现有资源，比如我们要让图书馆发挥更大的作用；二要拓展教育空间，比如要顺应时代潮流趋势，面向全球引入更多有价值的教育研究成果作为盐外学子成长的养料；三要激发内在潜力，比如改革机制、搭建好平台孵化更多专家型教育人才；四要优化课程结构，比如要重新梳理整合盐外的课程体系并提炼成经典模式范本；五要精耕特色发展，比如探索拔尖创新人才早期发现和选拔培养机制；六要创新育人场景，比如将学生学习生活的一切可能场景都赋予潜移默化的教育意义；七要办好家长学校，比如让更多优秀的家长成为博思大讲堂的主讲，自己孩子分享家长荣耀、密切亲子关系的同时，加

强家长间的高质量良性互动；八要坚持文化立校，比如承办一期高规格的教育治理与文化研讨会；九要建设幸福盐外，比如开展一场关于幸福力的师生对话，在互动参与中凝聚共识、刺激进步；十要重视宣传作用，让宣传工作更有力度、更有温度、更有高度地服务学校教育中心工作，让盐外发展的红利与荣耀惠及更多与盐外相关的人们。

老师们，战友们：正如唐代文学家韩愈所言，“业精于勤荒于嬉，行成于思毁于随”，只要我们坚持一张蓝图绘到底，强内功、抓质量、树品牌，我坚信，盐外的优势地位一定会延续、大家的职业幸福感获得感一定会保持，而且一定会稳步接近中国特色世界一流名校的愿景！让我们与盐外彼此成就、与时俱进吧！谢谢大家。

让教育保持尊严　让盐外引领盐田[15]

老师们：

欢迎大家暑假归来，继续投入伟大而光荣的教育事业！

刚刚过去的2022—2023学年是盐外发展史上极不平凡的一年。我们除了经受了疫情防控全面放开的严峻考验，更经受了不少关于盐外办学理念的非议。有人说，盐外不像学校，明明按部就班地教书就好，非得折腾些五花八门的活动，对学习成绩的提升又没有什么实质性作用；有人说，盐外自命不凡，在深圳市名列前茅都够呛，还要吹出个建设世界一流中学的大牛来；还有人说，盐外校长不像校长，整天跟学生混在一起没有点校长该有的威严……也许还有其他的，不能穷尽也不必穷尽。

——面对这些非议，我们用教育人的良知和初心保持定力，因为我们深深地懂得，比起教授知识本身，教育尊严才是教育基业常青的根本，有尊严的教育不可能尸位素餐、不可能人云亦云、不可能摆烂躺平，也不可能自以为是、不可能闭门造车、不可能亦步亦趋。

——面对这些非议，我们用一系列看得见看不见的成绩不证自明：例如2023年中考，盐外学子囊括全区前12名，汪荣建、张宸昊同学

15　本文为2023年8月29日在2023—2024学年第一学期教师开学大会上的讲话。

以总分 586 分，并列第一，双星闪耀，学校各项指标保持全市前列，超过 80% 的学子升入公办高中学习；例如我们最大的优势，是队伍和风气，我们拥有一支以校为家、爱生如命、甘于奉献的教育人才队伍；我们已经构筑起人人好学、人人向善、人人追求卓越的校园文化基因和教育风气。因为我们深深地懂得，成绩只是低保，底蕴才是人行稳致远的秘诀。所以我们千方百计地挖掘和释放学生潜能：大力推动盐田区教科院“六大少年院”项目；继续深入探索“基于学生问题教 + 自主合作探究学”的高效 6+1 课堂模式，聚焦课标，研读教材，对标核心素养，形成学科知识体系，落实差异化教学，推动学校内涵式高质量发展；为了进一步引导教师明确命题方向，提升学校教师的职业素质，提高教师教研能力和创新能力，盐外组织开展了第二届“盐外杯”青年教师命题说题大赛；在课程建设方面，盐外一直坚持英语小班化教学，实施分层教学走班制，积极推进课堂改革，注重提升课后延时服务水平，让学生乐于参与，让“双减”真正落地；构建“国际小公民”校本课程体系，体现海洋校园文化特色。一份课程图谱，诠释盐外学子挚爱的课程超市；盐外“海文化”社团创立于 2009 年，以培养有特长、有活力、有自信、有能力的阳光学子为目标，注重培养学生综合素养，拓宽学生全球视野，营造生动活泼的校园文化氛围，为学生提供展示智慧才华的广阔舞台；强教必先强师，强师以德为先。学校出台青年教师培养方案、制定教师个人成长规划、实施师徒结对青蓝工程，青年教师专业成长“三院四阶”模式，为青年教师规划成长路径；学校先后开展骨干教师展示课、新教师汇报课、自主学习评优课、教研组每周展示课等，开展跨学科主题教学研究，学生在自主互助学习中更加自信阳光，教师在课堂展示中得以快速成长；针对实施策略与学科模式，盐外分别以“校长引领课”“科组长展示课”“名师示范课”与“青年教师汇报课”等形式，持续开展基于新课标理念的高效“6+1”课例展示与研讨活动。我们费尽心机地汇聚全球精英面向盐外学子传经送宝：盐外成功举行了校园教育教学开放日暨“生涯规划”高端圆桌论坛活动，邀请北上广深的校长和专家以及华大、中兴的行业翘楚、资深律师、教育作家，分享他们的人生智慧和特别思考；积极组织参加深港澳学子共同游学活动，打开视野，开阔眼界；学校相继成功举办英语文化艺术节、阳光体育节、绿色科技节、心理健康节、生涯规划节等教育系列活动等，助力提升学科综合素养和思维能力。

马克思主义基本原理告诉我们，内因是根本，外因是条件，外因通过内因起作用。其实，我们所有的努力都是为了让每一个孩子成为成长的主人，我们存在的意义就在于扶上马送一程。

作为盐田义务教育的龙头，盐外在不断创造奇迹刷新历史，但盐外引领盐田义务教育的使命担当永无止境。新学年，我们要以向盐外25周年献礼为主线，踔厉奋发，勇毅前行，为盐外的百年基业谋新局开新路建新功，包括但不限于：

一是拓展开放办学新境界，用更多盛事盛会厚植盐外学术与思想基因。

和孩子们的心心交融，看着孩子们的拔节生长、与教育同行的互相成就，以及在朝气蓬勃、干事创业、团结向上的盐外大家庭的幸福教育事业，这是从教的“四重幸福”。

让学生的每一天都拥有满满的仪式感，也让自己成为孩子们成功路上的“催化剂”。我们懂孩子们的喜怒哀乐，孩子们懂我们的良苦用心，师生之间心心交融，这何尝不是一种幸福。教书不是炫技，育人也没有拼法。教书育人就是把教育装进日子里，让每一天、每一段故事都有温度。

二是荟萃教育科研新成就，让更多成绩成果夯实盐外人才与专业根基。

正如蔡元培所说：“教育者，非为已往，非为现在，而专为将来”。我们有的老师身上有一种甘“坐冷板凳”的探索精神，构建了作文教学才思、表意结构化训练体系，有效解决了学生作文“写什么”“怎么写”两大难题。有的老师走进全国各地授教、支教，行走在塑造学生品格、品行、品位的“大先生”的路上。有的老师因材施教，编写材料，为每位学生撰写导师制手册，开发了“春种树、夏出海、秋收种、冬观鸟”的四季课程，带领学生以世界为课本，以天地为课程，去探索未知，启迪新知。有的老师有心怀家国的大格局，把德育小课堂和社会大课堂结合，为学生扣好人生的第一粒扣子。坚持把德育工作落到实处，走进学生内心，也赢得家长爱戴，更成为同事眼里不知疲倦的“六边形战士”。有的老师秉承“真教育”理念，强调培养学生解决真问题的重要性，并提出用跨学科教学和创新教育方式进行培养，以锻炼学生思维方式，提升跨学科素养。

三是完善立体育人新格局，以更多常规常态点燃盐外仁爱与智慧火炬。

例如我们转变教育观念，培养起以学生长足发展而非以学生成绩进步为中心的评价观念新常态；深化教师内涵，彰显出以成为教育家而非优秀工匠为目标的职业幸福力内驱新常态；落实因材施教，构建起以学生个性化而非标准化规模化为导向的育人新常态；聚集课程建设，构建起以“发现—运用—创造”而非“灌输—考试—遗忘”为路径的知识学科新常态；主动借力媒介，构建起以创新型双循环而非保守型内循环为引擎的品牌传播新常态；全面开放办学，构建起以系统性人文性而非局部性工具性为落脚点的家校共育新常态……为深化教育教学改革充盈新动能！

家校共育的“盐外样本”

刘铁芳先生曾说过，学校与家庭应该努力构建一种教师与家长“志同道合”的新型家校关系，形成家校共育的局面。志是“培育全人之志”，道即“终身成长之道”。所谓“好学校”，绝不是“没有问题的学校”，而是学生、教师和家长共同面对问题、齐心协力致力于解决问题的学校。所谓“志同道合”就是家长和老师要发现我们共同的志，找到我们共同的路，学校与家庭需要目标一致，不管是作为家长还是教育者，最重要的是先养正我们成人自己。所有的教育方法都是末，只有自己生命的中正平和才是一切教育的本源。

基于这些认识，我们通过研究（发现家校共育存在的问题和痛点）—聚焦（寻求逐点突破）—研习（共同研究学习、聘请专家解读）—践行（不断尝试）—反思（小结思考）—改进（提炼提升）—标准（形成系统）—成果（总结展示），逐步摸索出一个适合学校实际的家校共育“盐外样本”。

2019 年，盐外顺利承办了全国新样态学术年会的“家校共育”分论坛，以情景剧、社团展示、家校辩论、沙龙论坛等形式分享和交流了各实验区、实验校在该模块的做法及取得的经验，从而提出“新样态”的“家校共育”新主张：养品德、有温度、能坚持、有理念。

在这一思想的引领下，盐外秉承着“和谐卓越”的校训，持续开展一系列家校共育特色活动，努力打造“盐外样本”。

养品德：疫情下的“毅 21”在行动

马卡连柯曾经指出，“劳动最大的益处还在于人们的道德上和精神上的发展”。我们同样认为，具有美好的品德是拥有幸福生活的根本。

学校追求家校共育的品德育成，其主要内涵包括：责任——对自己负责；温情——孝敬父母友爱亲朋；无私——关注公众公益；奉献——人人为我，我为人人。掌握一定的知识技能，并付诸实践是谓“行”，形成相应的综合素养，并内化为自觉是谓“知”，而能自觉将“知”“行”“合一”是谓“德”。

一是疫情期间的家长培训。除组织家长参与市、区策划举办的家长大讲坛之外，还针对不同年级的学生特点分别召开了多次家长学校，如《复学心理助力，家校携手成长》（区心理教研员林映）、《疫情期间的家校共育》（陈霄翔主任）等。相关讲座分别围绕亲子沟通、行为引导、青春期叛逆等话题，指导和鼓励家长树家风，乐学习，会观察，重引导，善期待，陪伴孩子顺利度过疫情线上学习阶段，提醒和指导家长关注非智力因素尤其是情感、交流和沟通能力的培养，给孩子的可持续发展奠定良好的基础。

二是疫情期间的家校沟通。各年级定期召开线上家长会，分别由班主任和科任老师上台，重点解决学生行为习惯、学习态度与能力的问题。学校还分别召开年级家长代表会议，收集家长意见，不断改进疫情下的教育教学措施，并通过 QQ 群、每周一封信，全面、及时通报盐外教育教学情况。学校还高度重视家长的心理健康，心理团队撰写了《你的世界就是孩子的世界》——致盐外家长的一封信。内容言语真挚，并附丰富的心理支持资源，为学生和家庭提供心理支持和指导。学校还利用网络线上升旗仪式，做心理健康主题《回归当下，筑建心灵防火墙》的国旗下讲话，为全体学生家庭进行心理指导。

三是疫情期间的亲子活动。学校策划开展了针对初三年级的“毅21”行动，即在家长的监督下，利用21天的坚持养成一个好习惯。同学们纷纷相应号召，并郑重地向自己发起了挑战。确定目标、坚持不懈、收获进步，初三学子获益良多，初一初二学子也纷纷加入挑战的行列，收获了良好的学习和生活习惯。学校还通过网络形式开展了本年度的校园歌手大赛。本次大赛以“‘声’援抗疫，‘音’为有你”为主题，以家庭为单位参赛，共诞生校园十大歌手和“抗疫特别奖”等不同奖项，活动受到了广泛支持和关注。

四是疫情期间的家庭项目式学习。因疫情影响，学生无法回到校园或到户外开展实践学习活动，故响应区教科院号召，全员参与家庭项目式学习活动。本次项目式学习侧重于家庭内能模拟环境探究来源于课本中的问题或家庭中真实存在有待解决的问题，给了学生与家长形成学习合作小组的机会。《我为家人泡杯茶》《跟奶奶一起酿米酒》《家庭环保服装秀》《我是疫情科普宣传员》，一个个优秀的项目式学习案例，锻炼了学生的自主探究和学习能力，更促进了亲子关系的和谐发展。经过区级评比，盐外多个案例荣获区一等奖，居全区中学前列。《深圳晚报》等媒体报道了我校部分案例，有三个案例还进行了系统拍摄，入选区视频案例作品集。

五是疫情期间的家校合作。2020年5月，为顺利保障学生返校复学，学校的“蓝马甲”家长志愿服务队早在复学一周前就开启了全天候、拉网式的“点对点”志愿服务。大到教职工、学生做检测，学生上放学交通问题，小到入校秩序维护、教室门口二次测温、午餐等问题，处处都有盐外“蓝马甲”家长志愿者的身影，做到校园内每一个角落不留死角，将防控责任落实到每一个岗位。在学生发展中心和驻校社工的指导下，服务队制定了乘坐专车时发现体温超标学生的应急处置机制，确保校外疫情不进入校园。

有温度 :“校长早茶会”坦诚对话

家校共育的场域主要在于家庭和学校，其关系是家庭为基础，学校为主导。

在学校之中，关键在于教师的潜移默化。作为教师，应将自己的专业当成爱与责任的担当，在努力构建家校合力的过程中，我们不是要用自己的权威去改变学生，而是寻求与家长和环境的沟通、融合中，以自己的爱与智慧的生命力量去影响学生，塑造润物无声的儿童成长的生命环境。

为了实现学校教育与家庭教育的同频共振，保证学生更健康地成长和发展，不少学校成立了家长委员会、家长学校或开设家长课程，以促进家校之间的协作与交流。但有了这些举措，某些家校矛盾依然尖锐，在课程改革、师资配备、校园安全、教育理念等方面尤为突出。对此，我们一直在思考并和家长一起努力，共同寻找家校共育的幸福密码。

盐外的家长群体职业背景丰富，教育需求多元。绝大部分家长接受过高等教育，高度重视孩子的教育，参与学校教育的愿望强烈。这些都是可以充分利用的特点，于是我们主动与家长沟通对接，真诚邀请家长参政议政，以求达到和谐共育的目的。

就如同不同气候和不同产区生长的茶，在每个季节有不同的滋味，孩子处于不同家庭背景和学习状况，家长就会有不同的问题呈现。于是我们开设“校长早茶会”，听取家长对学校管理的意见和建议。

每隔两周，我们从各年级每个班级选取两三位家长代表，邀请他们参加周一上午的“校长早茶会”。之前我们会提前向家长收集相关具体问题，并根据问题类型进行归纳，再请相关主管校长、科室进行针对性思考，做好问题回复。

虽然我们对收集归纳上来的问题有一个初步筛选，但基本保持原汁原味。答复家长时坚持真诚原则，学校能够做到的，马上整改；暂时无法解决的，坦诚告之；不符合教育政策的，当场旗帜鲜明地表态，绝不拖泥带水。事实证明，只要以诚相待，家长基本上都能理解接受。

比如有的家长提出学校能否在课后或晚自习时间给英语和数学较弱的学生集中补习？我们明确答复说，老师会额外关注成绩较弱的学生，学生也可以主动找老师答疑，但是不建议晚自习时集中补习，也不开额外课程。具体举措方面，学校可以开放电脑给学生，提供线上资料，供需要的学生在晚自习时间自行阅读。

有温度的“校长早茶会”，让我们与家长以茶会友，坦诚交流，让彼此更懂对方的冷暖。

能坚持：明确家校共育的边界

苏霍姆林斯基说过一句话，教育的效果取决于学校和家庭教育影响的一致性，如果没有这种一致性，学校的教学和教育过程就会像纸做的房子一样倒塌。我们认为，在寻求这种一致性的过程中，明确家校双方的责任边界非常重要。

有一年开学不久，学校就接到一起家长投诉，反映某班数学老师教学水平低，要求撤换这个老师。家长们言辞激烈，认为这个班师资不好，是所谓的“差班”，甚至认为“再不换老师，孩子就要被毁掉了”。事实上，学校分配师资时是没有所谓的“好班”“差班”之分的，被投诉的这位老师有着多年教龄，教学业绩一直不错。这个班的学生基础有些薄弱，开学初期考试成绩出现波动，本属正常现象，老师有信心提升学生的学业成绩。但家长们缺乏耐心，凭主观判断是老师的专业水平有问题。

从这个案例可以看出，家长对学校管理的参与存在着主观性强的特点，在完全不理解教师专业的情况下，根据自己的“经验”，主观判断教师专业水平，过度参与学校管理，给学校和教师的工作带来一定的障碍和困难。在有些学校，家长的过度参与还体现在其他方面，小到班干部的竞选、教师的着装，大到教师的任免等，给教师和学校管理带来很大困扰，干扰了正常的教学秩序。

如何解决家长过度参与学校管理的问题呢？明晰家校协同育人中的责任边界尤为关键。

家庭的责任边界：其一要给予孩子温暖的呵护照顾，将其抚养成人；其二要给孩子传递正确的价值观，培养健康的行为模式、情感特征。学校、教师最重要的责任是五育并举，育人为本，全面发展素质教育，本着和谐共生的原则，与家长配合、结合、融合。

类似家长过度参与的现象，在现实中是常见的，大到教师任免，小到班干部竞选，家长都可能给学校工作带来一定干扰和困难。于是在该投诉事件的处理中，我们通过家长会和家长学校反复强调一种观念：家校关系应该是桥梁＋纽带、互敬＋互助、共识＋共赢，倡导家校共育并不等于可以越界。家庭与学校应该互为温暖的同行者、坚定的支持者、用心的助力者。如何安排师资、学生如何分班，涉及学校的全局工作，没有人比学校管理者更熟悉资源、更有发言权。

通过大量细致的沟通工作，投诉的家长们最后进行了自我反思，理解并认可了学校不换老师的做法，事情得到圆满解决。这件事让我们明白，面对家校矛盾，不能逃避，更不能压制，在原则问题上也决不能退让，而要努力找到沟通的钥匙，积极寻找解决问题的办法。

有理念：做理想家长陪孩子成长

在家庭之中，首先家长要把教育好自己的孩子当成最重要的事来抓，育人先正己，把良好的家风代代相传，在与孩子爱与责任的相处中彼此促进，养正孩子，让儿童成长趋于正道，富于积极向上的生命力量。

父母是孩子成长的榜样，在家校共育模式中扮演着非常重要的角色。为此，我们提出了理想家长的概念。

理想家长应该具备以下特质：把孩子的人格健全、道德完善放在首位，培养孩子独立自主、持之以恒、勤俭节约等良好品质和习惯；懂得把童年、童心还给孩子，让孩子轻松、自由、愉快成长；善于发现孩子天赋，善于挖掘孩子潜能，善于培养孩子特长；创造和谐家庭关系，以身作则，一诺千金；永远不对孩子失望，懂得适时表扬和鼓励孩子，决不对孩子进行侮辱性批评；以平等身份对待孩子，而不以长辈身份压制孩子或以武力教训孩子；善于学习，具有教育理性和自觉性，善于利用各种教育情景，富有教育智慧；努力配合学校、社区对孩子进行全方位、多层次教育，促进孩子健康快乐成长……

我们倡导家长要陪着孩子一起成长，陪伴是与孩子沟通最好的密码。现在很多家长忙于生计，忽略了陪伴对孩子成长的精神价值与情感力量。家长陪伴孩子成长、同孩子并肩作战的经历，其实是一个家庭最美好的回忆。

家长说，做志愿者，不是别人的需要，而是我们自己的需要。当家长从教育的旁观者成为参与者，当家庭与学校的步调一致，孩子的幸福生活才真正开始。

我们希望家长多去发现孩子身上的优点和亮点，多给孩子鼓励和支持。不能仅关注孩子的学习情况，更要关注孩子的心理健康状况，学会倾听、接纳和理解孩子的情绪。不同的孩子有不同的个性和天赋，父母不能仅从学业成绩来评判孩子，而应该更全面、多视角地看待孩子的成长和未来的发展。

现在的“00后”“10后”孩子越来越有个性，构建完善的家校协同育人机制，显得尤为重要而紧迫。家校共育需要路径互补，策略各异，学校引领孩子的理智辅之以温情，而家庭要在爱与陪伴之中融合理性。育人者必先自我教育、自我发展，才能完成影响和促进孩子成长的重要任务。

（原载《中国教育报》2000年3月19日“家教周刊”，内容有改动。原标题为《寻找家校共育的幸福密码》）

教研组、备课组改革要理顺四大关系

近日重读《人民教育》2017 年第 2 期《谁来调动教师的积极性》一文，对其“完全组阁制”化解学校管理难题的做法，又有新的启发。

江苏镇江、浙江龙游试行“校长组阁制”，教育局重新聘任试点学校校长，新任校长提名副校长和中层人选，经教育局批准后，履行聘任手续，中层人选也可通过公开竞聘产生，每届任期三年。其中“学科主任组阁和教研组长组阁”的尝试，引起了我的高度关注。具体做法是：随着学校规模的扩大、同年级班级数及任课教师数的增多，学校以教研组为单位组织教研变得越来越困难。如语文、数学、英语等大组教师已近 30 人，物理、化学组也已超过 20 人，教研组要想每月组织一次高效的集体教研活动已显得力不从心。

同时，在以年级组为核心的管理体制下，特别是年级组升格为更强势的学部制管理后，以本学部为中心的备课组的作用得以凸显。备课组每周组织一次集体备课活动，部分替代了学校教研组的角色。然而事实上，备课组作为一个年级的教研组织，又难以担负起学校教研组所需完成的任务；其“备课组”的名称本身就已经决定了它只能以集体备课为中心，开展与备课和课堂教学相关的活动，备课组长不会关心备课以外的其他教研事务。所以，教研组与备课组的改革势在必行。

为了解决上述问题，他们把教师数超过 20 人的教研组（语文、数学、英语）直接升格为学科教研室，同时，把物理和通用技术、信息技术合并为理技教研室，化学和生物合并为生化教研室，政治、历史、地理合并为文史教研室，音乐、体育、美术合并为体艺教研室；原教研组长升级为教研室主任，原备课组升级为教研组、备课组长升级为教研组长，聘期三年。

同时，将学科教研室主任与其所在年级的教研组长实施捆绑，以确保学科主任既统领全局又接地气。学科教研室主任下设两名副主任，同样与两个年级的教研组长实行捆绑。学科主任负责本学科学校层面的教学研究和学科建设工作，各教研组长负责本学部的教学研究和教研组建设工作。学科主任有权向另外两个学部举荐教研组长人选，并共同确定最终人选。学部教研组长则负责组建本学部的竞赛辅导团队和教学研究骨干团队，每周组织常规的教研活动。

“学科主任组阁制”使逐渐被边缘化的原教研组长在职级上有所提升，其负责学科建设与发展的职能也被进一步强化，这有助于学科主任团结教研组的力量，实现自己的学科建设思想，同时较好地解决年级之间的衔接与传承问题 。

以前，备课组长属于压力大、工作累、无实权的岗位，教师无不避而远之。“教研组长组阁制”在提升原备课组长的职级地位、拓展其工作职能范围的基础上，又赋予其组建教研组管理团队，以及组建集体备课和教学研究核心团队的权力。有竞赛的学科，也由教研组长精心挑选并有意识地培养具有发展潜力的年轻骨干教师担任竞赛辅导教练。此举一并解决了无人愿当备课组长、资深教师不愿承担竞赛辅导任务以及集体备课活动低效等三方面的难题，可谓“一箭三雕”。

但是除了文中的充分授权，还要注意处理好四重关系，使之更切乎新高考背景下的教学实际。

一、近期目标与长远规划的关系。上述组阁皆在年级学部制管理构架之下进行，“解决了组长无人愿当、集体备课活动低效等难题”，看似效能明显，但也潜藏隐忧。虽曰聘期三年，责权明晰，但要想让一个只有三年期限，特别是以高三考试为目标的教研组织有长远追求，避免急功近利，似乎强人所难。如何脚踏实地，又能仰望星空？是需要学校进行慎重思考并积极引导的迫切现实问题。

二、行政管理与学科建设的关系。文章称，教研组织职级有所提升，并赋予了学科建设与发展的职能，但在现实条件下，特别是“学科主任（教研组长）”一职，在规模较大的学校，可能会在举荐协调、上传下达的教学行政事务上耗费较多精力，而在教研的主要功能方面难以充分顾及，可能导致学术地位式微、学科建设薄弱。教研组织是一个教师职业能力进阶的合作社，目的是不让教师在专业成长的路上太过孤单。因此，不宜过度行政化。本来“学科主任（教研组长）”以学科权威的角色，承担着培养新人、推进学科建设的重要职责，如果功能定位不当，甚至本末倒置，从长远来看，对于深化学科建设弊大于利。

三、教师使用与专业培育的关系。教研组主要“以研究改进教学工作为目的”展开活动，在教师专业成长与培养方面发挥着独到的作用。“组阁制”对于激发教师主体意识和工作热情无疑具有积极意义，学校管理者亦可更为顺畅地整合师资。同时，我们认识到，教师是一个专业岗位，需要有职后成长期。教师的专业进阶成本，大部分应当由学校承担。其中，带薪进修培训和同侪教研是主要形式。而建立促进教师专业发展的教研机制，以校本教研带动课程资源全面开发，坚持教研引领，实施科研支撑，是促进教师发展的主要途径。在现今以高考为目标的教研导向下，如何防止“组阁制”进程中出现“方便了教师使用，削弱了教师专业培育”的负面效应，应引起我们的足够警惕。

四、教学管理与课程研究的关系。强化教学管理，提升教学质量与办学水平，已成为当前教学管理者的共识。“组阁制”的出发点亦基于此，确实收到了实效。但学校的核心是课程，学校应通过科学的管理，用课程引领教师专业发展，培育个性化学生。笔者担心的是，在名义上融合而实质相对独立的两套教研组织机构，如何发挥“学科主任（教研组长）”学科领袖的权威作用，真正引领广大教师研究、开发、建构出适合学生发展的高品质课程，从而培育出学术标高人才？但愿不是杞人之忧。

建设特色化校本劳动课程

劳动是人与社会、人与国家、人与知识、人与技能等融通发展的纽带。劳动教育的高质量是新时代教育发展高质量、学校发展高质量的题中之义，更是实现人的发展高质量的必由之路。在“大劳动”观的指引下，对青少年的劳动教育重在引导学生自觉形成两个认识：一是要引导青少年建立起在任何劳动岗位都可以也应该将劳动价值最大化的信心和意志；二是要摒弃劳动课是辅修课的观念，认识到社会主义事业的建设者和接班人，不论在何种岗位上，本质上都是劳动者。学校要站在为学生终身发展奠基的高度，整体谋划，建立起校本劳动教育创新平台，开发建设具有本校特色、符合本校学生实际情况的校本特色劳动课程体系，通过劳动教育提升学生劳动素养。

校情不同，校本特色劳动课程体系的面目自然不同。城市学校和农村学校、中心城市学校和小城镇学校、沿海学校和内陆学校、南方学校和北方学校、示范性学校和普通学校……不同学校开展劳动教育的资源条件差距较大且在短时间内难以从根本上改变，但这并不意味着资源条件不好就只能无所作为。学校应在差异性中发现自身的比较优势，形成有自身特色的劳动教育体系。

总的来说，学校创新和深化校本劳动教育课程体系建设的实践抓手主要有三：

一是将劳动课程与区域资源充分融合，最好是与行业实体的初级项目相结合，在“连接一切”的时代，尽量让学校和学生以劳动为媒介进入另一个圈层并互联互通，并在这种互联互通的网络架构下找寻自己的价值定位和能力缺失。

依托盐田区外国语学校所在社区开展大梅沙社区探索活动，以游戏化的学习模式，以多元视角和共创的方式开展社区探究活动，包括调查餐馆服务行业、大梅沙的特色建筑，到社区讲解垃圾分类知识，到大梅沙沙滩开展净滩活动、海洋多样性探究、进行垃圾分类等，了解大梅沙社区的各类情况，通过实地走访、研学，思考大梅沙可持续发展的方法。

二是将劳动课程与学科深度学习充分融合，特别是借助项目式学习的形式与手段，引导学生以课题研究为主线，培养发散思维能力与创新探索精神。

学校在初一年级设置种植项目式学习。比如种植油菜花，从选籽、育苗，到种植、采摘、榨油，再到将菜籽及榨出来的油赠予毕业生，整个种植过程与生物学科（品种与生长习性、形态特征、田间管理）、地理学科（不同地域的气候与土壤环境）、物理学科（菜籽油压榨机原理）、语文学科（田园诗歌）、道德与法治学科（珍惜劳动成果）、美术学科（油菜花采风）、离校课程等有机融合，成为学生在盐外最美的回忆。

三是将劳动课程与生涯规划深度融合，为每一种劳动建立中长观模型，启发学生不断将任何时空、任何行业、任何岗位的劳动在有限条件下实现价值最大化，提高科学规划能力。

学校还建立家长资源库，邀请家长一起走进课堂。家长根据自己职业特点对学生进行职业启蒙教育。学生们在了解不同职业的同时，明白了职业职责，丰富了知识储备，学会了尊重他人的劳动成果，也体会到家长工作的不易。学校结合综合评价体系，让孩子们逐步建立起清晰的职业梦想。

劳动教育要融入青少年作为“人”的综合发展谱系，才能最大限度地凝聚起青少年发展的核心竞争力。因此，特色化、高质量校本劳动教育势在必行、时不我待。

（原载《中国教育报》2023 年 11 月 10 日第 6 版“课程周刊·课程教学”）

学校的底色是青春。

校长和老师存在的意义是，

点燃青春的火炬、挖掘青春的潜能、校准青春的航标，

但这一切的前提是，

我们得主动拥抱青春、深度理解青春、精心呵护青春。

唯有双向奔赴，方能彼此珍惜；

唯有彼此珍惜，方有不竭动力。

当我们以感恩之心致青春，

青春也在不负韶华向未来。

第五辑

拥抱青春

让每一个人的精神小宇宙熊熊燃烧[16]

老师们，同学们：

来到盐外，第一次站在这里，向全校师生作国旗下的讲话，我感到非常高兴和激动。在这几天时间里，与校园近距离亲密接触，深感咱们盐外真的很美！我发现，仅仅几天时间，我走近它，适应它，并已经喜欢上了它。这确实是一方风水宝地：背靠青山，面朝大海，位居全国最美小镇 number one“梅沙镇”。在这里工作、生活、学习，我们应该感到喜悦和幸福。这一处绝佳胜地，也应该成为盐外的动力之源，然后，面向未来，追求初中教育的高品质。

一所名校，外在的优美环境是它成长的良好基础，但名校成功的秘诀还源于它内在的涵养底蕴和精神气质。我想起在北京学习考察时的一个情景：在出租车上跟司机闲聊，迎面走来几个中学生，司机马上就说是某某中学的。“他们又没有穿校服，你怎么知道？”“从他们的神态就能看出。”这给我一种震撼：盐外的学子也应该有盐外气质，一眼就能让人认出。

勿庸讳言，我巡视时看到，咱们校园图书阅览室的窗台，成了一个小小的垃圾场；我常常捡到运动场上乱扔的水瓶、食品袋；我还听

16　本文系作者 2019 年 9 月 9 日在升旗仪式上的讲话。

同学们反映，有的学生红领巾佩戴不规范，不尊重国旗，升旗时说话聊天，甚至恶搞国歌……这是一些不和谐的音符。但我更多感受到了，当东海岸社区领导来到校园，倾听孩子们的声音时，咱们盐外学子优秀的思辨能力、流畅的语言表达、优雅的精神气质。可以这样说，现在盐外的学子向真向善向美，整体无疑是美好的。学生生命的美好，关键在于自强、厚德，让青春的生命自由舒展，让理想的壮歌在心中时时奏响。盐外学子的气质是怎样的？我认为，作为盐外的学子，就应该有思想，会表达；有责任，敢担当；有爱心，能宽容。如何培养这种气质？其中第一位的就是内心强大，外表优雅。作为学校，既要充分尊重发挥学生的主体性、独立与自主之精神，更要引领他们面向未来，努力培养未来的强者。

早几天，参加区委某次会议，坐在我旁边的，是一位盐外的学生家长。她告诉我，她的孩子就在盐外学习，之所以选择盐外，就是因为盐外有一批敬业乐群、专业智慧的好老师。是的，我欣喜地看到，现在盐外的老师无疑是美好的。我感受到，我们老师生命的美好，关键在于过着幸福的专业生活，努力让自己成为一个热爱生活、情趣丰富的人，并且能在日常生活、师生成长中多多发现、欣赏、创造美好。然后，我们可以看到，我们的老师们用自己真诚、博大的生命精神面貌，与孩子们的生命相遇、相知、相长！

老师们，同学们，盐外已经迈过了 15 年的成长历史，他现在是一个 15 岁的翩翩少年，充满活力，朝气蓬勃。现在，它的建筑是美的，并且努力以文化人；现在，盐外的师生是美的，文质彬彬，然后君子。有人说，教育，应该成就生命的美好与人生的幸福，我希望，咱们盐外人，要乘着教育新样态的东风，努力让我们的教育生活更加充满温度，充满美好。学校的高度，就取决于师生的生命温度和精神广度。

王阳明先生说“宇宙便是吾心，吾心便是宇宙”。以天地宇宙之胸怀，方能作育未来之强者。有人说“生命可能腐朽，也有可能燃烧”。我们当然不愿腐朽，那么，就让我们全体盐外人面向未来，善于发现，勤于激励，重在点燃，然后让每一个人的精神小宇宙熊熊燃烧，让学校有灵魂，老师有思想，学生有主见，家长有信心，把盐外品牌擦得更亮，携手共创更加美好的未来！

没有理由不拿下[17]

老师们，同学们，家长朋友们：

大家上午好！

今天，我们欢聚在美丽的盐外校园，为即将奔赴中考战场的初三学子，举行隆重的壮行仪式！只有一个目的：为盐外学子加油，坚决打赢这场人生硬仗！

借此机会，我想送各位考生三句话——

第一句是：你们真的很棒！

说起来，你们还是我的师兄师姐，因为我来盐外的时候，你们已经上初二了。虽然我是后来者，但是这两年，我从你们身上感受到了太多令人艳羡的青春风采和各种魅力，抛开每次大型考试都无悬念地全区第一不谈，你们在校园十大歌手大赛上的天籁之音，在运动会上的英姿飒爽，在各级各类大型展示平台上的骄人表现，让我无数次地体会到了作为校长的美妙与荣耀！你们真的很棒，这些素质和能力，

17　本文为 2021 年 6 月在中考出征壮行仪式上的讲话。

必将伴随你们一生，无论是眼下的中考，还是漫漫人生长征路，都能逢山开路、遇水搭桥，胜利最终属于你们！

第二句是：老师真的很爱你们！

为了你们今年的中考大捷，老师们真是披星戴月、任劳任怨，哪怕是在休息时间，自己的孩子正嗷嗷待哺的时候，只要是有关学生的一点状况，那都是军令一个响指，无条件地迅速到位，甚至彻夜不眠。初三很辛苦，时间紧任务重，每一分每一秒的休息时间都十分宝贵，但为了你们的成绩能够更上一层楼，老师们牺牲了许多休息的时间；每一轮的复习看似寻常，其中却凝结了各备课组老师的心血，老师们综合考虑一切因素，为你们设计出合理高效的复习方案，并不断地调整优化；进入初三以来，大家的压力可能与日俱增，其实老师们也有压力，来自复习效果，来自中考改革，来自你们的信任，来自自己的期望……但老师们选择性地忽视了自己的压力，用尽所能为你们减压。在我们的身边，有周末舍小家顾大家为你们上课培优的年轻妈妈，有疫情期间送来各种关爱的各类师长，更有从早到晚温情陪伴的老师群体。就拿今天这个壮行仪式来说，老师们也是提前一个月就开始谋划，我们从来不跳舞、不唱歌的老师，也都穿上了行头，只为给你们加上最后一把油！我想起中国航天女教头黄伟芬。她已 7 次送自己选拔培训的航天员上太空，30 年来默默耕耘与奉献。她说《祖国不会忘记》这首歌写到了她心里。“我不觉得亏。看到 3 名航天员成功到空间站很激动，他们是带着我们的心血、祝福和梦想去飞行。”是的，我想说的是，我们可能不一定知道你的名字，但山知道你，江河知道你，祖国知道你。在这里，我想引用这首歌中的几句歌词，送给我们可亲可敬的初三教师团队：在茫茫的人海里，我是哪一个；在奔腾的浪花里，我是哪一朵。在创造辉煌的大军里，那默默奉献的就是我；在教育事业的长河里，那永远奔腾的就是我。我把青春融进祖国的江河，山知道我，江河知道我，祖国不会忘记我！

同学们，老师真的很爱你们，我提议，向我们辛苦付出的老师，献上你们最真挚、最热烈、最持久的掌声吧。

第三句是：没有理由不拿下！

明天就要临门一脚了，我知道同学们多少还是有点紧张。我认为，保持一定的紧张是必要的，这是重视、谨慎；但是紧张到睡不好觉，紧张到患得患失，那就没必要了，不仅没必要，还可能适得其反。三年，1000 多个日日夜夜，特别是初三这一年来的高强度训练，教训与进步齐飞，套路与真经一色，该会的我们应该都会了，不会的估计其他学校的也不会。我们很多学霸同学的学习资料，都可以在淘宝上当“状元笔记”卖了。每个学科要注意些什么，你们的老师已经讲得很专业、很细致了，我就不在这里冒充专家了。但是我就一个要求：没有理由不拿下关乎前途命运的硬仗。

最后，衷心祝愿：各位考生势如破竹、高歌凯旋；各位老师好运连连、名利双收；各位在现场和不在现场的家长，皆大欢喜、得偿所愿！

盐外中考壮行歌

谢学宁

梅沙之滨，红日东出；
美哉盐外，虎啸幽谷。
干将发硎，百兽惊呼；
盐外学子，笑傲江湖。
大鹏展翅，胸怀千古；
奋斗不已，复兴有吾。

青春就是要对自己“狠”一点[18]

亲爱的老师们，可爱的同学们：

带着对2022年的美好期待，我们又开始了逐梦前行的新征程。刚刚过去的2021年，是盐外发展史上具有里程碑意义的一年，全校师生在学校“十四五”规划提出的“建设具有世界一流水准并在全国有一定影响的深圳名校”的目标指引下，团结奋进、创新作为，初步构建起顺应“立德树人，五育并举”根本方向、适应“双减”政策初衷的现代学校治理新体系和学校高质量发展的“六大新常态”：

我们转变教育观念，培育起以学生长足发展而非以学生成绩进步为中心的评价观念新常态；

我们深化教师内涵，彰显出以成为教育家而非优秀工匠为目标的职业幸福力内驱新常态；

我们落实因材施教，构建起以学生个性化特色化而非标准化规模化为导向的育人新常态；

我们主动借力媒介，构建起以创新型双循环而非保守型内循环为引擎的品牌传播新常态；

18　本文为2022年2月21日在新学期开学典礼上的讲话。

我们聚焦课程建设，构建起以“发现—运用—创造”而非“灌输—考试—遗忘”为路径的知识学习新常态；

我们全面开放办学，构建起以系统性人文性而非局部性工具性为落脚点的家校共育新常态。

这六大新常态为盐外的高质量、可持续发展构筑起新的发展基础和发展惯性，让每一个盐外人充分享受到盐外发展的红利，我们是认真的！

新学期，新姿态！“春到人间草木知。”想必大家还对北京冬奥会开幕式上的二十四节气倒计时印象深刻。今天，我们的开学倒计时也如约而至。没有那般唯美浪漫，但却充满生机和力量。春节期间，热播电影《长津湖之水门桥》每一帧画面都让人“破防”，展现出中国人民志愿军这批“最可爱的人”所具备的勇敢、智慧和毅力；冬奥会上，简约唯美的圣火“微光”惊艳世人，不断突破的赛场超越令人惊叹。谷爱凌一战封神的1620转体，让我们感受到挑战极限、突破自我的震撼。谷爱凌曾写道，“在恐惧面前，我永远是一个无可救药的浪漫主义者”。这份“无可救药”的浪漫就是一份大胆的尝试、执着的热爱与高度的专注。特殊开学季，“最可爱的人”、伟大的抗疫“逆行者”、“燃烧的雪花”展示出不同时代的青春模样，但都彰显出同样坚定的中国信仰。生逢盛世，我们当不负盛世。我想送给具有无限可能的盐外学子们一句话：青春就是要对自己“狠”一点！

“狠”一点就是一种振作起来的力量，就是把自己从泥泞中拔出来的力量。在这个视频里，一匹马掉入泥潭，后来牧民赶来一群马，马群的奔跑和嘶鸣唤醒了泥潭之马内心的力量，它挣扎着，一次次奋力跃起，最后一次，它跃出了泥潭！

这匹马，和冬奥会上我们喜爱的很多选手的共同处，是奋起，是突破。我希望盐外的学子，是拥抱挑战的选手，更是挣脱泥潭的骏马——并且，即便旁边没有马群的嘶鸣，也能凭借自己心灵的力量，挣扎着跃起。因为青青的草地，一直在那里。当然，我还希望，盐外每一个班级，就是那群奔驰和嘶鸣的骏马。

“我不是为了打败别人，是为了打破自己的界限。”在时代的洪流中，竞争不可避免，但是比战胜对手更重要的，是挑战自我。人生最宝贵的是生命，而每个人的生命长度是一定的。我们如何让自己有限的生命时间更划算、更值得？唯有对自己“狠”一点，再狠一点，才不负我们这一去不复返的青春。

——对自己“狠”一点，就是要对不努力的自己说“不”。莎士比亚说:“往事随风，谈不上歉疚，也谈不上既往不咎。”对于逝去的光阴，无论是使性子还是混日子，我们都一阵风吹了、一把火烧了，但是对于当下和未来，我们再不容许有半点的逃避、敷衍、懒惰或是自暴自弃、得过且过。

——对自己“狠”一点，就是要对有挑战的目标说“敢”。《孙子兵法》云:“求其上，得其中；求其中，得其下；求其下，必败。”如果你想瞄准靶心，你就必须瞄得稍稍高一点。人生是一张单程票，不能平庸和苟且，只有高远的目标才能引领高质量的人生。高远的人生目标不会唾手可得，只要我们“敢”，就没有啃不下的骨头、翻不过的大山。

——对自己“狠”一点，就是要对不可逆的时间说“干”。我们的同学可以看一看自己，从发卡、眼镜到衣服、鞋袜，哪一样是自己的？都不是，都是爹妈的。但是有一样东西是唯一属于自己的，那就是时间。用得好就价值连城，用得不好就一文不值，甚至贻误终身。我们珍惜时间、致敬时间的最好方式就是说干就干。

——对自己“狠”一点，就是要对负能量的圈子说“断”。人生很长，要努力做加法，也要善于做减法。真正睿智的人，都是善于管控自己时间和情绪的人。鲁迅说:“虚度光阴就是慢性自杀，虚度别人的光阴，无异于谋财害命。”把精力耗在一些没必要、非重要、不需要的人际交往上，既是对自己的不负责，也是对别人的不道德。对负能量的圈子断、舍、离，越快越好、越狠越好!

以上与大家共勉!

唯愿早日云开“疫”散，春暖花开，山河锦绣壮丽；唯愿盐外生机勃勃，唯愿盐外人用一股狠劲书写卓越青春!

以青春之力向上生长[19]

亲爱的同学们：

2022 年 2 月 21 日，我们的开学第一课还记得吗？

一段精心剪辑的宣传片，一次庄严的线上升旗仪式，一位散发光芒的学姐，一场激昂澎湃的致辞，一次心与心的交流沟通，一份最全面的居家生活指导，一个精准到位的线上教学分析，徐徐展开……

在新学期开局致辞里，我送给具有无限可能的盐外学子们一句话：青春就是要对自己“狠”一点！

对自己“狠”一点，对不努力的自己说“不”；

对自己“狠”一点，对有挑战的目标说“敢”；

对自己“狠”一点，对不可逆的时间说“干”；

对自己“狠”一点，对负能量的圈子说“断”。

在线上教学期间，以“关注‘两会’，畅话青春”为主题，就“两会”重点和社会热点，并以北京冬奥会、“感动中国”、女足亚洲杯和“中国诗词大会”等为实例，我与同学们一起展望未来，阐述了中国人勇于拼搏、不畏艰难、脚踏实地的品质，激励同学们挑战自我、树立信心，时刻谨记先辈们为繁荣景象做出的伟大贡献，让谷爱凌、王霜

19　本文为 2022 年 3 月在三百日冲刺运动会上的讲话。

等新一代青年运动员成为学生们的偶像，在榜样的力量下，拥有更加坚定强大的内心，让青春之花绚丽绽放！

春暖花开，云开“疫”散终有时。今天，经过无数逆行者的抗“疫”，和每个人的坚持坚守，我们终于在美丽的校园相聚，这个局面来之不易，值得我们珍视珍惜，在开局和展望的基础上，我们要续写胜势，从学习上、身体上、心理上……做好线上和线下的无缝衔接，以青春之力向上生长。

在此，我想送给初三的同学们三句话：

拼搏的青春岁月，要练好“降龙十八掌”

要说金庸先生笔下哪门武功知名度最高，首推“降龙十八掌”。这是金庸武侠小说中最绝顶的一门盖世武功。“降龙十八掌”号称“天下第一掌法”，乃洪七公生平绝学，是他从《易经》之中参悟出来的，虽然招数有限，但每一招均具绝大威力，无坚不摧、无固不破，刚柔轻重随心所欲。金庸先生笔下的乔峰、洪七公、郭靖等大侠，都曾凭借这门武功行侠仗义，名扬天下。

“降龙十八掌”虽被扫地僧称为天下第一掌法，但修炼门槛不高，连郭靖等天资平庸者也可经由苦练而大成；动作简单无奇，但招招威力无穷，招式简明而劲力精深，精要之处全在运劲发力，凭强猛取胜，每出一掌均有排山倒海之力。降龙十八掌专克花里胡哨，不管敌人招数真假虚实，花样百出，千变万化，只给敌人一掌，都可让敌人回守招架，然后招数自破。

从来没有随随便便的成功。从线上学习转线下课堂，面对时空转换，需要我们在这个学期剩下的几个月里，做好心理调适，实现完美衔接，然后向上飞扬，向下沉潜，往实、深、细里勤学苦练，学海无涯苦作舟，更要学海无涯乐作舟，巧作舟，掌握属于自己的一套克敌制胜的“必杀技”，从而成就自己的青春梦想。

正当时的青春韶华，要修养《九阴真经》

《九阴真经》出自金庸小说《射雕英雄传》，贯穿于《射雕三部曲》。《九阴真经》分为上、下两卷，上卷为内功基础，下卷为武功招式，是金庸小说中最负盛名的武学秘籍。由于《真经》载有破解各大门派武学的方法，更是天下武学总纲，遂引起江湖群雄的争夺，掀起一番腥风血雨。

郭靖在“老顽童”周伯通的强制要求下，死记硬背将《九阴真经》全篇背下，并初战告捷，在桃花岛招亲考试中，赢下第三场比试；之后在铁掌峰，在南帝的指导下，郭靖又习得《九阴真经》中的“总章”。这些修炼，成就了郭靖的武林盛名。

只有奋斗的青春最美丽。在这几个月里，我们既要野蛮其体魄，迎接各种考验；我们还要锤炼好内功，在课堂上在赛场上出色发挥；我们更要掌握好各科的“武功招术”，调节好身心状态，在各类比试中兵来将挡，见招拆招，赢得胜利。

人生的青春考场，要敢于在“华山论剑”中比试身手

“问世间，是否此山最高，或者另有高处比天高。在世间，自有山比此山更高，但爱心找不到比你好……”这是 1983 年版电视剧《射雕

英雄传》里那首激扬大气的主题曲《世间始终你好》。

第一次华山论剑发生的时间，是在一个冬天，正是大雪封山的日子。参加比武的人员，共有 5 人，即东邪黄药师、西毒欧阳锋、南帝段智兴、北丐洪七公、中神通王重阳。他们比武的目的，是争夺《九阴真经》。

他们 5 个人，在华山绝顶口中谈论，手上比武，足足比了七天七夜。最终，黄药师、欧阳锋、段智兴、洪七公都不得不承认，王重阳的武功是天下第一，获得了《九阴真经》的所有权。

人生处处皆考场！但我们无须害怕！我们的竞争对手，使我们变得更加坚强；那些磨难我们的疫情，让我们知道了自强不息；生命中的苦难，让我们真正地茁壮成长到成熟；陪伴了我们的人，让我们增长了智慧；良药苦口，批评我们的人，是我们生命中的贵人和指路人。木不修不会成材，人不教不会成人。在我们成功之前，所有的努力，都和自己的成长有关；当我们成功之后，所有的成绩，都和别人有关。人生处处是考场，考验的就是我们的热爱和坚持；人生事事是考题，生活就是我们的老师；人生人人为我师，成长和巨婴你更爱哪一个？不放过任何一次让自己锻炼成长的机会。希望所有人，在人生的道路上，直面“考场”，笑对“人生”！然后，你会看到，中考只是低保，我们还要怀揣星辰和大海！

为同学们加油，为同学们祝福：向上生长，未来可期！

青春，就是要对自己“好”一点[20]

亲爱的老师们，亲爱的同学们：

大家好！

新学年的秋天如约而至，这个秋天的相聚，是新的学习旅程，是新的青春征途，更是新的人生芳华。为了这个秋天的相聚，同学们加满了油，老师们也充好了电，整装待发，准备着开启一场不负韶华的燃烧。在此，请允许我向全体盐外人、盐外追梦人，致以崇高的敬意：是你们让盐外很盐外！

去年开学典礼致辞，我勉励学生“对自己负责，努力做人生赢家”。是的，谋求成功是人生的重要推动力。关于成功，去年我分别向七、八、九年级的同学送了一句话：一是送给七年级新朋友的“我们充分认可你过去的优秀，但我们更期待你未来的卓越！”；二是送给八年级大朋友的“我们原谅你过去的不完美，但我们希望你奋发两年换个未来的不遗憾！”；三是送给九年级老朋友的“我们再不会施加额外的压力，但我们希望你们对自己负责，拼光最后一颗子弹！”今天，我同样把这些掏心窝子的话语送给大家，这些话既是这所母校赠予你

20　本文为 2022 年 9 月 1 日在 2022—2023 学年第一学期开学典礼上的讲话。

们的温情与勉励，也可以作为你受用一生的动力与后劲，希望大家能get到，先干下这碗提神醒脑的鸡汤。(掌声）今年，我依然觉得，“对自己负责”永远是青春最重要的母题，只不过，对自己负责的内涵可以更全面、更深入、更丰满，比如，青春在对自己“狠”一点的同时，并不排斥对自己“好”一点。

一、对自己“好”一点，不是对自己妥协让步无原则，而是要言必行行必果，用奋斗挖掘无限可能

盐外是全世界最美的校园之一，我们毗邻广阔的太平洋，但放眼全省全国，我们并不就是太平洋。所以大家千万不要以为盐外是盐田最好的学校，就理所当然地觉得他就是这个世界最好的学校，也不要因此就沾沾自喜、得过且过，而是要见贤思齐、见不贤而内自省，相信自己有无限可能，但是可保持戒骄戒躁的作风，不将时间精力用在无谓的消耗上，而是高举奋斗之手，让你的可能性尽情绽放。

二、对自己“好”一点，不是让自己吃香喝辣玩游戏，而是要不庸俗不浅薄，用学识凿就幸福源泉

青春最迷人的是舍我其谁，最忌讳的是自以为是，自以为是地觉得“酒肉朋友才是真朋友，谈理想谈奋斗都太装”，自以为是地觉得“人生苦短，唯兄弟和游戏不可辜负”，自以为是地以为现在的一切生活日常都将永恒不变……在时间面前，这些自以为是最终都将成为庸俗浅薄的笑话，对抗这种生命中不能承受之重和轻的良药，是学识。

学识学识，起于学、终于识，是我们走向成功的底色，更是我们拥有稳稳幸福的源泉，这个源泉开得越早、挖得越深，对我们的滋养就越加丰厚。

三、对自己“好”一点，不是满足于作业考试小确幸，而是要不迁就不将就，用创造确定卓越存在

对自己“好”，除了有崇尚奋斗的“意志”，执着学识的“慧根”，还要有不甘平庸的“格局”。不甘平庸就是要与众不同、就是无与伦比、就是要不可替代，就像把 5G 和微波都做到全球第一的华为。大家都知道《钢铁是怎样炼成的》中的一句名言：“一个人的生命应该是这样度过的：当他回首往事的时候，不因虚度年华而悔恨，不因碌碌无为而羞耻。”无论是不羞愧的生命，还是不悔恨的青春，拿什么来标记呢？创造！创造之心、创造之志、创造之行动！我们鼓励创造，不是渴求你现在就能做出一个问鼎诺贝尔奖的成果，而是要有一份主动思考、敢于挑战的自觉与习惯，不是满足于在完成作业考试上的知其然，还要知其在学理上的所以然，以及在时代运用中的亦然霍然未必然。有此心境，你就在走向创新创造的路上了！

最后，愿每一个盐外人，都以对自己负责的姿态，牢记成功使命、不忘幸福初心，对自己狠一点也好一点，活出青春的质量与敞亮。谢谢大家！

心有所向，行皆可往

——序李少冰老师《教育追光者》

莎翁《罗密欧与朱丽叶》中有一哲理名言：“不太热烈的爱情才会维持久远。”年少轻狂，以为一叶扁舟可以过万重山，那时并不太明白，为什么爱情不大热烈才能维持久远，随着年岁增长，才恍然惊觉，此实为至理。

爱情如此，友情如此，其实师生情亦是如此。这点我坚信，因为这几年我观察少冰的教育过程，就是最好、最真实的例子。

那年，连似火骄阳和午时蝉鸣，都抹上了一层柔和的善意。年近五旬的我，依然怀着青春梦想、本着教育人的底线和情怀，毅然决然地来到了深圳，然后在盐外遇见了彼此。她名字很特别，“少冰”，念起来就会想起美丽的诗句“一片冰心在玉壶”，我觉得很有意思，一下子就记住了。然后又通过深圳市“最美班主任”评选，见识了她在舞台上的风采。我呢，和她任教同一学科，天生会有一种亲近感。加之我们都书生意气，也属气味相投，一见如故，一来二往就熟稔起来。

少冰自从踏上三尺讲台的那天起，就暗下决心，要以先贤名师为榜样，上下求索，为教育事业奋斗一生。从教愈久，她愈加坚定了“只有在学生那里我才能找到人生快乐”的信念。

福楼拜说:“年轻人永远不要忘记，才华就是长期的坚持不懈。”少冰老师就是这样，将全部时间投注于课堂，积极钻研教材，认真撰写教案，努力提高教学方法，同时注重知识更新，加强理论学习，及时了解本学科发展的新信息。苦练基本功，一丝不苟。

操千曲而后晓声，观千剑而后识器。少冰老师认为，教师的魅力在于能够激发学生的思考热情，调动学习积极性，让学生主动拥抱学习，在探索中享受乐趣。她思考着教学的本质，孜孜不辍。她会丢开原本的教案，根据学生的问题即时调整上课节奏，课堂随着师生的互动而生成；有时，她会在课前让学生自学知识寻找问题，课堂中学生提问、质疑、讨论，再由学生代表或者教师“慷慨陈词”：在学生问题的提出、讨论、解决的过程中，使他们的思维品质向“青草更青处漫溯”。

新岗位、新挑战，除了两个教学班，少冰还还兼任区“名师工作室”主持人，并负责“少年国学院”的教学工作，“一个人可以走得很快，一群人才能走得更远”，她准备将“自弹自唱的独奏”转变为“众音汇聚的和声”，努力做学术研究的领路人、疑难问题的解决者、教育创新的代言人。

于是，废寝忘食地钻研新课程是她的生活常态。通过精心改编与设计，实现学生问题“生成”起来；通过适当包装，让课本习题“靓”起来；通过纵横联系，将孤立问题“串”起来；通过课外拓展，任学生思维“飞”起来。

在课堂教学中，少冰在严谨规范、稳扎稳打教学风格的基础上更注重培养学生的创新思维。她坚持少讲演多启发、少预设多生成，在课堂中多几分留白、添几许洒脱、增几番精彩，让课堂点燃学生的求知之火。学生在这里获得的不是知识的固化答案，而经历着对现有知识的质疑、发现、求证的思维探险。

“问渠那得清如许，为有源头活水来。”阅读是教师思考的“活水”，而写作则是思考的“言说”，也是向外交流思想的桥梁。

仰山铸铜，煮海为盐。工作 20 年中，少冰在教学中记录自己的教学思考，拿起思维的“手术刀”，解剖教学行为、教育现象。为了汲取更多养料，她订阅了十几份教育类杂志，反复研读，用心揣摩。在日常教学中，她细心体会，静心思考，及时摘记，想得多、记得多、写得多了，下笔便越来越顺畅，在字里行间发现一路的好风光，春花秋叶，山岚水影，无尽趣味。她开设的个人公众号也吸引着一帮志同道合的粉丝们。

想写好一篇教学文章，需要在教学实践中不断积累、反思、学习，在教学中反思，在反思中改进，在改进中提高，在提高中收获。少冰深知，作为语文教师要有一双能发现的眼睛，善于发现教学案例背后蕴藏的深层次问题，善于挖掘问题中的探究性内容，让学生从一篇文章一个问题出发，层层递进，合作探究，领悟人文思想，提高学习能力。

少冰一直担任班主任工作。现在很多人闻当班主任而色变，而我发现，少冰当班主任上瘾，正如她所言：教书而不当班主任，亏大了。她是两个孩子的妈妈，还要当着 40 多个孩子的大妈妈，班主任兼语文教学，从此注定会有一群群孩子让她又爱又疼又心烦。但盐外人的倔强和血性，让她从不埋怨不抱怨，而是义无反顾，一路行走一路欢歌。“每当畅谈教育教学时，你的眼睛里总会闪烁出一种特殊的光。”她给自己的班级命名为“水木梧桐”，水的清幽，树的沉稳，一如她的个性，一如她一届又一届的高光时刻：每当说到学生，她都能如数家珍般地列出一串串闪亮的学生名字。

也曾有过晦涩的日子，有过痛苦的诘问，可孩子们知道，这些微妙或显眼的变化，总在少冰老师的视野之中。数千个日日夜夜，孩子们成长的路上，贯通着老师既亲切又严厉的嘱托，所有深深浅浅的脚印里，注满了老师慈祥的目光，在他们那片湛蓝的心灵天空，少冰老师的殷殷期待撒遍了每方角落。于是，老师的季节总是风风雨雨的，每一张笑脸都挂着疲惫的神色。

但在我眼里，少冰永远那样精神抖擞，步履矫健，你绝对想象不出她已是 40 开外的人了，她是雨季中真正的跋涉者，每走一步都非常精彩。几十年来为了教育事业，她呕心沥血，谁人不知她艰辛的汗水，谁人不知她炽热的心灵。可惜雨季没有夕阳，不能照出她长长的身影，但她蓦然回首，这时雨丝密织的马路忽然像一张巨大的笑脸，多情的天空也回荡起她爽朗的笑声。

是的，只要不太浓烈，友情其实很简单；只要遵循初心，教育其实很简单；只要坚持守望教育的底线和情怀，纯真的师生情，不论时光斑驳，但岁月依然静好。

蓦然回首这几年少冰的教育历程，感受着她与学生们恒久持续的师生情，欣慰着，感恩着，祝福着。近日欣闻她欲将集多年所思所感心血心得，编辑成书，特申请惠寄，先睹为快。又嘱我撰写序言，诚惶诚恐，只能潦草划拉几句，权当交差，但内心感佩，这么多年来，少冰还是当年那个保持教育初心的阳光少女！向日葵之所以开得好，是因为它总是向阳啊。

寂寞出真知、出学问

——陈筑老师《多维理论视域下语文教学设计研究》序

现代社会生活节奏快速，生存竞争激烈，人们心态躁动，但是仍有一些永恒的主题需要吟咏，仍有一些漂泊的心态需要安顿，仍有一些闲情逸致需要抒发，仍有亘古不变的大自然的美需要描绘。尤其是在当今人类面临着现代文明带来的种种危机和精神困扰，面临着现代文明逐渐成为一种对人异化的客观力量，反过来窒息人的生存价值和意义的时候，我们更应默默扎根于教育教学的沃土，并从中汲取营养。静下心来，探索传统文化所蕴含的一些美质和美感，使人精神返乡，灵魂归朴，心态趋静。

“板凳要坐十年冷，文章不写一句空。”在我的眼中，作为语文教师，陈筑无疑是能够耐得住寂寞，并求取到真经的教育人。

作为出身在美酒河畔的贵州人，他的教育理念就是“备课就是酿酒，工夫越长，酒越香”。备课离不开阅读，智慧的教学，一定从阅读中得来。阅读是个慢功夫，“不会读书，书面是平的；会读书，字句都浮起来了。”好好感悟，好好品味，就可以来试着酿一壶有滋有味醇香四溢的美酒。于是，他的课堂常常让孩子们入迷、沉醉，不知不觉步入那一片优胜美地，流连、徜徉、忘返……

行政事务的繁杂琐碎，身兼教学的重担，家校的难以兼顾，会让一个人感受到沉重甚至窒息，但我看到，在挑战面前他总能化被动为主动，每天都能保持主动出击的心态：观察生活—积淀学习—深度思考—持续写作。这种状态改变了他的知识结构，帮助他从知识的搬运工变为理论的创生者，丰富了他的专业智慧，并影响着专业习性、信念素养、情感与态度，使他体验到职业的幸福。于是，他成了《语文教学通讯》的封面人物，各种专业刊物有了他发出的思考和声音。

他低调内敛，但“四个不停”（不停阅读、不停思考、不停实践、不停写作），不喜欢教育的宏大叙事，教学是一轮又一轮不断地去沉淀、丰富和完善，尤其是基础教育，不是戏剧，而是在做好常态的工作，教育就是积累。他守正而不守旧。正者，真也，大道也。虽千万人，吾往矣。

20多年并不算长，但也足以积淀一种教育文化，营造一种教学品格，形成一种风格，传递一种精神。我欣慰地看到，年龄已不再是成长的羁绊，反而助他更快更智慧地汲取。他致力于语文教研教改，为提高课堂教学效率，对培养学生的阅读、分析、创作能力进行了有益的探索，倾注了大量心血，在他的精心培育下，一代新人正在茁壮成长。

罗振宇说过：做个“做事的人”，不置身事外，指点江山，而是躬身入局，把自己放进去，把自己变成解决问题的关键变量。当一位老师迷恋上自己耕耘的田地，开始朝向优秀与卓越一步步努力，他的最美气象便开始了蓬勃地生长，立德树人的教育使命就自然成为他的文化自觉。

“寂寞，其实是一件很酷的事情。”在经过洗礼和磨砺之后，我衷心祝愿陈筑老师再一次瞄准自己既定的育人目标和特色，潜心修行，扬帆疾进。

后　记

北京时间2月16日凌晨，中国的甲辰春节还没过完，OpenAI以晴天霹雳之势发布了文生视频大模型Sora及多个样例视频。相比此前的ChatGPT、Midjourney、Pica、Runaway等人工智能应用，Sora更加强大，一经宣布便在全球网络世界产生巨大反响。不同于一般意义上的“有人照镜子，有人找乐子”，这项革命性的技术突破，让很多领域的从业者都瑟瑟发抖，这里面就包括我们的教育。

在这样的背景之下，我甚至开始怀疑将这些个在人工智能时代很可能一文不值的东西付梓出版，到底还是否有必要。这时，我想起了至圣先贤同时也是人类最伟大的教育家之一的孔子，以及继孔子之后古今中外一连串思想家、教育家的名字。相比他们，我们所处的时代，要人工智能得多得多，但是我们丝毫不敢也不会因为他们不够人工智能而轻视他们的存在。

我当然知道自己和这些璀璨的名字相差霄壤，但是我依然坚信，教育之所以是教育，正是因为她有很多是人工智能所不能完全取代的。换言之，人工智能会改变教育的方式、形态，拓展教育的疆界，但是，只要人类社会还是人而非机器人的社会，用温情、仁爱且智慧的心去唤醒、激发和引导生命潜能的教育本质属性就不会变，特别是为小朋友启蒙和终身发展奠基的基础教育。

熟悉我的人都知道，对于在教学手段上鼓励老师们拥抱新变化、运用新技术、创造新花样，我有着本能的热情与冲动，不过，在教育之“道”的追寻上，我还是会“顽固”地保持一份对“人工智能”的警惕与“保守”。我不知道这算不算逆历史潮流而动，但是，我们也不止于因为人工智能的势不可当就要一个个地自废武功，甚至将人类经过几千年沉淀的教育美好统统活埋。

所以，我还是决定让这本书出现在所有教育同行面前，哪怕是人工智能时代对传统教育的一曲挽歌，但它也见证了我们这一代教育人也曾爱过。

2024 年 2 月 22 日夜

于盐外教师宿舍